5년 후 비즈니스를 다시 쓸

테크놀로지 노트

TECHNOLOGY MIRUDAKE NOTE
by HIROO YAMAGATA, YOUSUKE YASUDA

Copyright © 2019 by HIROO YAMAGATA, YOUSUKE YASUDA
Original Japanese edition published by Takarajimasha, Inc.
Korean translation rights arranged with Takarajimasha, Inc. through BC Agency., Korea
Korean translation rights © 2020 by The initiative

5년 후 비즈니스를 다시 쓸 테크놀로지 노트

미래의 기술과 비즈니스를 가장 쉽고 빠르게 연결하는 방법

야마가타 히루 · 야스다 요스케 지음
민진욱 옮김

 디 이니셔티브

테크놀로지를 알면
비즈니스의 미래가 보인다!

현대의 테크놀로지는 무시무시한 속도로 발전하고 있다. 전 세계에서 매일매일 새로운 기술이 소개되면서 우리는 일상적으로 새롭고 다양한 용어들을 접하게 된다. 3D 프린터, AI, VR, 게놈 편집 등등. 그러나 이런 용어들에 대해 어렴풋하게 이미지 정도는 갖고 있어도 실제로 그 의미를 깊이 이해하고 있는 사람은 의외로 적지 않을까 싶다.

이 책은 이처럼 '아는 것 같지만 사실 잘 알지 못하는' 최첨단 테크놀로지를 9개의 장으로 나누어 쉽게 풀어준다. 우주 비즈니스, 인공지능, 인체 개조라고 하는 SF 같은 테크놀로지에서부터 푸드테크나 의료 기술 등 실생활과 긴밀하게 결부된 비즈니스까지 다양하고 풍부한 내용을 다룬다. 또한, 주제마다 일러스트를 더해주어 한눈에 이해할 수 있게 구성한 것도 큰 특징이다.

최신 테크놀로지의 무한한 가능성에 대해 맛만 보고도 과학의 진보를 실감하고 가슴 설레는 사람도 있겠지만, 반대로 예측할 수 없는 미래 세계에 대해 저항감과 공포심을 느끼는 사람도 있을지 모른다. 그러나 우리는 어린 시절에 만화로 읽은 미래 세계에 이미 발을 딛고 있다.

이 책의 매력은 단지 이해하기 쉽다는 데만 있는 것이 아니다. 단순히 기술을 소개하고 감상하는 데 그치지 않고, 사회 격차와 윤리 문제 등 여러 사회 현상도 다루면서 테크놀로지의 영향을 균형감 있게 파악하고자 한다. 저출산 및 고령화로 인한 노동력 부족 현상이 점점 심각해지는 일본에서는 노동력 보완을 위해서도 테크놀로지를 활용한 비즈니스는 더욱 주목받고 있다. 그런데도 사회가 성숙해지면서 평균 연령이 올라감에 따라 테크놀로지의 수용도는 불행하게도 오히려 떨어지는 느낌이다.

앞으로 다가올 테크놀로지를 받아들여 보다 나은 사회를 구현하기 위해서는 최첨단 기술을 적어도 친근하게 받아들이는 태도가 필요하지 않을까? 이러한 점에서 이 책과 같은 뛰어난 입문서는 꼭 필요하다 하겠다. 다양한 테크놀로지를 활용해 새로운 비즈니스를 창출하고 우리 사회의 변화를 이끌어 가는 혁신가가 이 책을 통해 한 사람이라도 더 나오길 진심으로 바랄 뿐이다.

야스다 요스케 安田洋祐

CONTENTS

〔일러두기〕

이 책은 2019년 6월에 출간한 원서를 번역하였으므로, 한국어판 출간 시점에서 일부 내용은
다를 수 있습니다. 참고해 주시기 바랍니다.

CHAPTER 1

우주 비즈니스

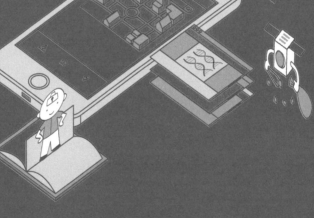

민간인도 우주여행을 할 수 있는 시대가 열렸다.

이 장에서는 우주 비즈니스의 역사와 세계 각국에서 진행되는

우주 비즈니스의 최전선을 둘러보고자 한다.

키워드 미리 보기

미국과 소련의 우주 개발 경쟁 시대부터 국가 주도로 진행되어온 우주 개발. 최근 들어 민간 기업이나 단체가 참여하면서 뉴 스페이스(New Space) 시대가 열리고 있다. 우주 비즈니스와 관련된 키워드를 살펴보자.

✓ *KEY WORD*

인공위성 비즈니스

인공위성과 관련된 비즈니스. 인공위성을 이용한 통신과 위치정보에 대한 수요가 늘면서 인공위성의 발사 수는 2030년에 이르면 약 16배로 늘어날 것으로 예상된다.

✓ *KEY WORD*

스페이스 셔틀 Space Shuttle

NASA(미국항공우주국)가 쏘아 올린 유인 우주선. 처음에는 재사용 콘셉트였는데, 실제 발사할 때는 전 부품을 재사용하지 못했다.

✓ *KEY WORD*

뉴 스페이스 New Space

벤처기업이나 민간 우주 단체, 다른 분야의 기업 등이 주도하는 우주 개발. 정부 주도의 개발과는 분명히 선을 긋고 민간 주도 특유의 개발이 진행되고 있다.

✓ *KEY WORD*

우주 파편

우주 공간을 떠돌고 있는 제어 불능의 인공 물체. 인공위성이나 유인 우주선과 충돌할 위험이 있어 국제 문제까지 되고 있다.

위성 콘스텔레이션 CSC: Communication Satellite Constellation

지구를 도는 여러 인공위성과 협조하여 작동시키는 운용 방식. 서로 통신 범위가 겹치지 않도록 인공위성은 저궤도나 중궤도로 쏘아 올린다.

매핑 mapping

어떤 항목을 다른 항목으로 대치하거나 할당하는 법칙이나 규칙. 데이터 가져오기 등으로 다른 데이터 항목을 같은 항목으로 연결하는 작업을 일컫는다.

뉴 셰퍼드 New Shepherd

민간 항공우주 기업인 블루 오리진(Blue Origin)이 개발 중인 탄도 비행용 유인 우주선. 이름은 미국의 우주비행사인 앨런 셰퍼드 (Alan Shepard)에서 가져왔다.

리모트 센싱 Remote Sensing

원격 탐사. 인공위성이나 항공기에서 지구 표면을 관측하는 기술. 현재는 행성 탐사기로 지구 외 행성의 원격 감지도 가능하게 되었다.

01 현재 우주 비즈니스에는 어떤 것들이 있을까?

현재 1,000개가 넘는 벤처기업들이 뛰어든 우주 비즈니스는 크게 두 개의 영역으로 나뉜다. 하나는 인공위성 비즈니스이고, 다른 하나는 로켓 비즈니스다.

'인공위성 비즈니스'에는 관측 위성을 통한 기후와 지형에 대한 조사, 통신위성을 통한 인터넷 통신 회선의 공급 등이 있다. 위치정보 위성은 자동차의 GPS(위성항법장치)와 지도 앱 등에 이용되고 있다.

 각국이 운영하는 다양한 위성들

통신위성
자국 상공에 정지궤도 상으로 쏘아 올린 위성을 국가와 기업이 인터넷 회선으로 이용한다.

기상위성
우주에서 관측한 기상정보 등의 빅데이터에서 기후예측을 더해 이상 기후의 위험 등을 예측한다.

GPS 위성
각국이 궤도 위로 쏘아 올린 각 위성에서 수신한 신호의 교점을 현재 위치로 표시한다.

'로켓 비즈니스'는 인공위성을 쏘아 올리는 데 필요한 로켓을 개발, 판매하는 비즈니스 영역이다. NASA(미국항공우주국)가 중심이 되어 구축한 국제우주정거장의 물자 수송 서비스 등도 포함된다. 그 외 정부 주도가 대부분이긴 하나 행성 탐사나 우주 징거장에서의 무중력 실험, 우주 개발 과정에서 생기는 우주 쓰레기(우주 파편)의 제거 등도 여기에 속한다.

우주는 비즈니스의 보고

우주 쓰레기 제거 사업

쓰레기(파편)를 제거하는 사업. 특히 파편은 제거하지 않으면 충돌로 인해 계속해서 그 수가 늘어나므로 긴급한 과제이다.

운반 서비스

우주에 있는 국제우주정거장으로 기재나 화물을 운반하는 로켓을 쏘아 올리는 사업이다.

로켓 발사 사업

국가와 기업이 제조한 인공위성을 우주로 쏘아 올리는 로켓의 제조와 발사를 대행하는 사업이다.

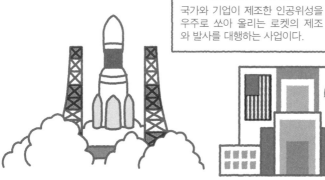

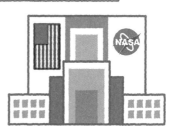

02 지금까지의 우주 비즈니스 역사

우주 개발은 '비즈니스화'를 목적으로 한 제2단계로 접어들면서 주도권이 국가에서 민간으로 이전되고 있다. 즉, 지금은 민간 기업이 주도하는 우주 비즈니스 시대다. 우주 비즈니스의 역사는 크게 세 단계로 나누어 볼 수 있다. 제1단계는 1950년대에서 1970년대까지 냉전시대로, 미국과 소련의 우주 개발 경쟁기다. NASA를 설립한 것도 바로 이 시기다. 제2단계는 1980년대에서 1990년까지, 냉전시대가 끝나고 국제 협력으로 우주 개발이 진행되던 시기다.

세 단계를 지나온 우주 개발

스푸트니크(Sputnik) 발사   1957년

소련이 발사한 세계 최초의 인공위성. 소유스 등 오늘날까지 계속되고 있는 로켓 개발을 시작한다.

1961년

최초의 유인 우주 비행

소련에서 가가린이 세계 최초로 유인 우주 비행에 성공. 그 후 1965년에는 재빨리 우주 유영에도 성공하여 한발 앞서간다.

1969년

아폴로 계획 성공

미국은 유인 우주 비행에서 소련에 뒤처지자 '아폴로 계획'을 추진해 인류 최초로 달 착륙에 성공한다.

제1단계

VS

국가 주도의 대규모 우주 개발 시기. 냉전에 의해 미국 대 소련의 우주 개발 경쟁이 벌어졌다.

제1단계에서 '우주에 간다'를 목적으로 했다면, 제2단계에서는 '우주를 이용한다'로 그 목적이 변하며 통신위성 비즈니스와 전 지구 위치정보 시스템(GPS) 등이 시작되었다. 제3단계는 2000년대부터 지금까지다. 미국 정부는 엄청난 개발비가 소요되는 '스페이스 셔틀' 운영을 중단하고, 기업으로부터 수송 수단을 구매하는 방향으로 정책을 전환했다. 이에 따라 많은 민간 기업이 우주 비즈니스에 참여하고 있다.

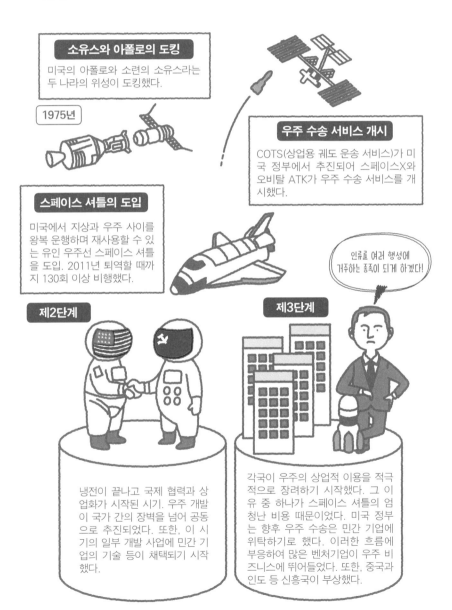

소유스와 아폴로의 도킹

미국의 아폴로와 소련의 소유스라는 두 나라의 위성이 도킹했다.

1975년

우주 수송 서비스 개시

COTS(상업용 궤도 운송 서비스)가 미국 정부에서 추진되어 스페이스X와 오비탈 ATK가 우주 수송 서비스를 개시했다.

스페이스 셔틀의 도입

미국에서 지상과 우주 사이를 왕복 운행하며 재사용할 수 있는 유인 우주선 스페이스 셔틀을 도입. 2011년 퇴역할 때까지 130회 이상 비행했다.

인류를 여러 행성에 거주하는 종족이 되게 하겠다!

제2단계

제3단계

냉전이 끝나고 국제 협력과 상업화가 시작된 시기. 우주 개발이 국가 간의 장벽을 넘어 공동으로 추진되었다. 또한, 이 시기의 일부 개발 사업에 민간 기업의 기술 등이 채택되기 시작했다.

각국이 우주의 상업적 이용을 적극적으로 장려하기 시작했다. 그 이유 중 하나가 스페이스 셔틀의 엄청난 비용 때문이었다. 미국 정부는 향후 우주 수송은 민간 기업에 위탁하기로 했다. 이러한 흐름에 부응하여 많은 벤처기업이 우주 비즈니스에 뛰어들었다. 또한, 중국과 인도 등 신흥국이 부상했다.

03 민간 우주 비즈니스의 새로운 흐름, 뉴 스페이스란?

민간 기업이 우주 개발을 주도하는 '뉴 스페이스(New Space)'로 인해 우주 비즈니스에 탄력이 붙고 있다.

지금까지의 우주 개발은 주로 NASA 등 정부 주도였지만, 이제는 민간 기업이 주도하는 우주 비즈니스의 존재감이 커지고 있다. 벤처기업 등 신흥 세력이 중심이 되어 진행하는 우주 개발을 '뉴 스페이스'라고 부른다. 과거와 다른 점은 플레이어, 법 정비, 기술, 자본, 플랫폼. 이러한 다섯 가지를 갖추고 있다는 점이다.

 ## 뉴 스페이스의 5가지 특징

◉ 플레이어

상업적 우주 정책으로 민간 기업에 협력을 요청한다.

◉ 법 정비

일본에서는 우주 산업의 발전에 필요한 법률로 2016년에 '우주활동법(인공위성 발사 및 인공위성 관리에 관한 법)'과 '위성리모트센싱법(위성 원격탐사 기록의 적정한 취급의 확보에 관한 법)'을 제정했다.

뉴 스페이스가 개척할 미래의 영역은 과거 국가 주도 시절보다 더욱 다양할 것으로 기대된다. 우주로의 접근이나 위성에 의한 인프라 설비뿐만 아니라 위성으로부터 취득한 빅데이터를 활용한 비즈니스가 특히 주목받고 있다. 그 외 자사가 보유한 우주 인프라의 렌탈 비즈니스, 일반인을 대상으로 하는 우주여행 서비스에도 관심을 가질 필요가 있다.

04 우주 쓰레기와 싸우는 기업, 아스트로스케일

'우주 파편(우주 쓰레기)'이 지구를 뒤덮는다면? 우주 개발을 더는 계속할 수 없을 것이다.

우주 파편이란 우주 공간에 떠다니는 제어 불능의 인공물이다. 지구 궤도 상에도 무수히 존재하고 있는데, 10cm를 넘는 파편이 약 2만 개, 1~10cm가 50만 개, 1cm 미만의 것이 100만 개를 넘을 것이라고 한다. 더욱이 파편들이 서로 부딪혀 기하급수적으로 자기 증식하는 '케슬러 증후군(Kessler syndrome)'이라고 하는 현상도 일어나, 이렇게 발생하는 파편들과 충돌 위험이 커지고 있다.

 ## 케슬러 증후군이란?

지구 주변 궤도 위 파편의 밀도가 어느 한계를 넘어서면 충돌과 파괴가 연쇄적으로 발생하여 파편의 수가 폭발적으로 증식, 우주 개발을 더는 진행할 수 없는 지경에 이르게 된다.

◉ 도널드 J 케슬러(1940~)
미국의 우주 공학자이며 NASA의 과학자. 우주 쓰레기의 위험성을 설명한 '케슬러 증후군'의 주창자.

우주 파편 제거사업은 주로 국가와 공공기관에서 진행하고 있는데, 일본의 벤처기업 아스트로스케일(Astroscale)이 이 사업에 뛰어들었다. 도쿄에 본사를 둔 이 회사는 파편 제거용 위성을 개발하고 있다. 구체적으로 말하자면, 새로 쏘아 올릴 위성에 먼저 아스트로스케일의 포착 패널을 달고 운행하다가 파편이 된 위성을 발견하면 아스트로스케일의 제거용 위성이 파편을 자석으로 포착하여 회수하는 것이다.

 ## 아스트로스케일의 파편 제거사업

2015년에 창업하여 현재 일본, 싱가포르, 영국, 미국에 거점을 두고 있다. 계속해서 증가하는 우주 파편을 제거하여 지속 가능한 우주 이용을 실현하기 위한 기술개발에 매진하고 있다.

05 지구를 인터넷망으로 덮으려는 스페이스X의 야망

스페이스X의 '위성 콘스텔레이션'이 실현되면 지구에서의 정보격차 문제는 해결될 것이다.

지상 인터넷 통신은 인터넷 통신용 안테나가 필요하므로 각 지역의 빌딩이나 신설 통신탑을 이용하여 통신망을 확대해왔다. 그러나 지금 주목받고 있는 것은 지구의 저궤도 상으로 소형 통신위성을 쏘아 올려 안테나가 필요하지 않은 통신환경을 만드는 것을 목표로 하는 '위성 콘스텔레이션'이다. 이를 위해 스페이스X에서는 4,425기의 통신위성을 쏘아 올리는 '스타링크 프로젝트'를 추진하고 있다.

위성 콘스텔레이션이란?

◉ 기존의 인터넷 통신

기존의 인터넷 통신은 곳곳에 통신탑을 세우는 것이 주였다. 인공위성을 통한 인터넷 서비스도 이미 제공하고 있지만 통신 속도가 느린 것이 문제였다.

스타링크 프로젝트는 최종적으로 통신위성 12,000기를 발사하여 사막지대와 미개발지역 등 안테나 설치가 어려운 곳에 인터넷 인프라 문제를 해결하려고 한다. 이 프로젝트에 약 100억 달러(약 12조 원)가 소요될 것으로 예상되는데, 이미 구글이 10억 달러(약 1조 2000억 원)를 투자했다. 또한, 스페이스X는 자사에서 위성을 제조, 개발하기 때문에 예상보다 저비용으로 실현할 수 있을 것이다.

💿 위성 콘스텔레이션이 실현된다면…

스페이스X의 스타링크 프로젝트는 종전보다 낮은 궤도에 다수의 인공위성을 쏘아 올려 그들끼리 협조하도록 하여 전 지구적 인터넷망을 구축하고자 한다.

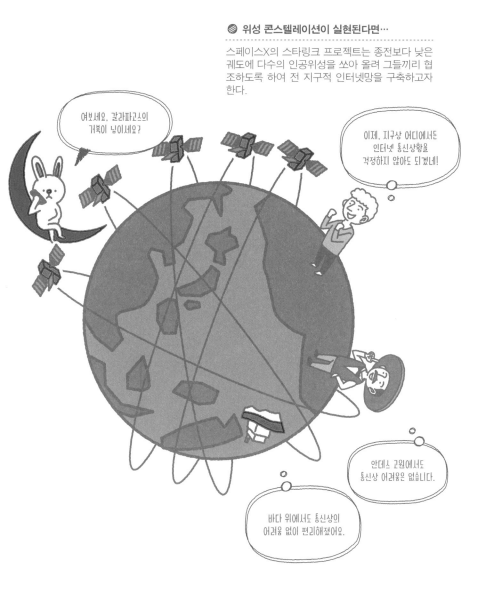

06 페이스북의 인공위성을 통한 경제 분석

페이스북은 인공위성의 화상과 AI를 활용하여 세계지도 상에서 지역 경제를 분석하는 기술을 개발하고 있다.

페이스북이 컬럼비아대학 국제지구과학네트워크센터(CIESIN)와 공동으로 개발한 AI 기술을 이용한 세계지도는 기계학습이 적용된 AI와 위성이 촬영한 화상을 통해 복잡한 구조를 '매핑'하는 것이 가능해졌다. 이를 통해 어느 나라, 어느 지역에 어느 정도 사람이 거주하고 있는지를 정확하게 파악하여 최적화된 글로벌 브로드밴드 시스템을 실현하고 있다.

 ## 재해와 의료에 이바지하는 세계 인구 매핑

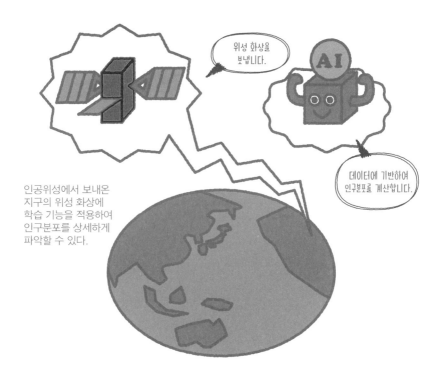

페이스북은 인공위성에서 보내온 지구의 위성 화상에 학습 기능을 적용하여 인구분포를 상세하게 파악할 수 있다.

페이스북은 최종적으로 전 세계 인구를 매핑할 계획이다. 전 세계 인구가 어떻게 분포되어 있는지를 정확하게 파악할 수 있는 지도가 작성되면 재해 발생 시 대피처를 정확히 알려줄 수 있으며, 의료 관계자들은 재해 피해자와 유행병 감염자에 대한 대처도 적절하게 할 수 있게 될 것이다. 또한, 이 기술은 자연재해의 위험에 대한 평가와 지역 경제에 대한 평가, 분석 등에도 응용할 수 있을 것이다.

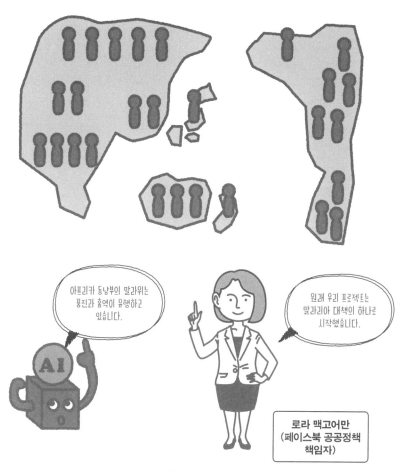

아프리카 동남부의 말라위는 풍진과 홍역이 유행하고 있습니다.

원래 우리 프로젝트는 말라리아 대책의 하나로 시작했습니다.

로라 맥고어만
(페이스북 공공정책
책임자)

지역 구조와 인구가 정확하게 표시된 지도가
있으면 재해 발생 시 정확한 대피는 물론
의료 종사자가 신속하게 재해 피해자와
유행병 감염자에 대처할 수 있다.

07 아마존의 거인, 베조스가 계획하는 우주여행은?

우주 사업을 추진하는 아마존. 인터넷에서 우주여행 티켓을 판매하는 시대가 곧 열릴 것이다.

아마존 창업자 제프 베조스가 세운 민간 항공우주 기업인 블루 오리진(Blue Origin)은 민간인을 우주에 보내겠다는 프로젝트를 발표했다. 이 회사가 개발 중인 로켓 '뉴 셰퍼드(New Shepherd)'는 고도 100km 우주 공간까지 갈 수 있다. 선단에 탑재된 캡슐에는 최대 6인의 승무원과 승객이 탈 수 있고 실험, 관측 장비도 실을 수 있다.

 ## 블루 오리진의 우주여행 프로젝트

제프 베조스가 이끄는 블루 오리진은 2019년부터 우주여행 티켓을 판매한다. 누구나 우주 비행을 즐기는 시대가 가까워지고 있다.

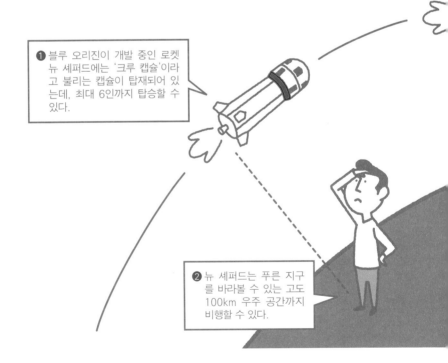

❶ 블루 오리진이 개발 중인 로켓 뉴 셰퍼드에는 '크루 캡슐'이라고 불리는 캡슐이 탑재되어 있는데, 최대 6인까지 탑승할 수 있다.

❷ 뉴 셰퍼드는 푸른 지구를 바라볼 수 있는 고도 100km 우주 공간까지 비행할 수 있다.

뉴 셰퍼드는 지금까지(2019년 6월 기준) 통산 10회의 시험 비행에 성공했는데, 지구 주변을 도는 비행은 할 수 없지만, 고도 100km까지 올라가 우주 공간과 지구를 바라볼 수는 있다. 또한, 단 몇 분이긴 하지만 자유낙하 중에 로켓 내에서 무중력 상태를 체험할 수도 있다. 이 우주 비행에 필요한 티켓 요금은 20~30만 달러(약 2억 4000만~3억 6000만 원) 정도로 알려졌다.

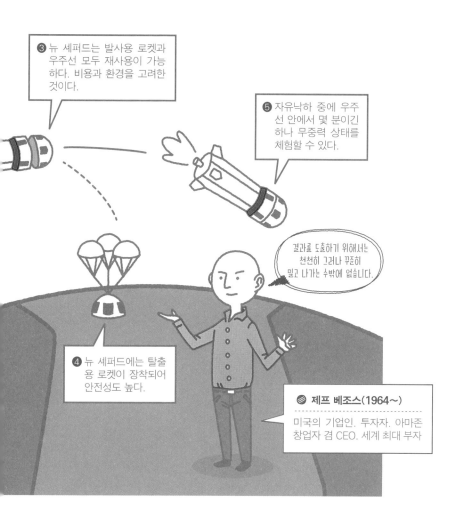

❸ 뉴 셰퍼드는 발사용 로켓과 우주선 모두 재사용이 가능하다. 비용과 환경을 고려한 것이다.

❺ 자유낙하 중에 우주선 안에서 몇 분이긴 하나 무중력 상태를 체험할 수 있다.

결과를 도출하기 위해서는 천천히 그러나 꾸준히 밀고 나가는 수밖에 없습니다.

❹ 뉴 셰퍼드에는 탈출용 로켓이 장착되어 안전성도 높다.

🌐 제프 베조스(1964~)
미국의 기업인. 투자자. 아마존 창업자 겸 CEO. 세계 최대 부자

08 세계 각국의 우주 비즈니스 최전선

로켓을 쏘아 올리는 것 외에도 지금 전 세계에서는 다양한 우주 비즈니스가 진행되고 있다.

조조(ZOZO)의 마에자와 유사쿠가 도전하겠다고 발표하여 화제가 된 달 여행을 비롯하여 전 세계에서 여러 종류의 우주 비즈니스가 활발하게 추진되고 있다. 예를 들어 화물 수송에 로켓을 이용하거나, 소형 위성을 사용하여 세계에서 가장 빠른 인터넷을 제공하는 인터넷 프로바이더, 우주에서 촬영한 사진과 항로의 정보를 제공하는 '리모트 센싱(Remote Sensing, 원격 탐사)' 등이다.

 ## 전 세계의 대표적인 우주 비즈니스

영국

버진 그룹 리처드 브랜슨 회장이 우주여행 비즈니스 회사인 버진 갤럭틱(Virgin Galactic)을 설립. 이미 시험 비행에 성공했다.

중국

독자적인 우주정거장 건설과 세계 최초로 로버(탐사로봇)에 의한 달 뒷면 탐사 등의 계획을 발표했다. 민간 기업의 우주 비즈니스 참여도 활발한 것으로 알려져 있다.

아랍에미리트(UAE)

아랍제국에서는 최초로 무인 탐사기를 2021년까지 화성궤도에 올리는 프로젝트와 우주청 설립을 발표했다.

인도

세계에서 로켓과 인공위성 둘 다를 직접 제작할 수 있는 몇 안 되는 나라 중 하나이다. 2017년에는 PSLV 로켓을 쏘아 올려 인공위성 104기를 궤도에 진입하는 데 성공했다.

우주 비즈니스를 견인하는 나라는 미국, 러시아, 일본만이 아니다. 중국은 우주정거장 구상을, 아랍에미리트는 우주청 창설을 발표하고 화성을 탐사하는 로켓 개발을 진행 중이다. 인도는 단 1기의 로켓으로 사상 최다 104기의 인공위성을 궤도에 진입시키는 데 성공했고, 영국의 버진그룹은 유인 우주여행 사업에 전력을 쏟고 있다.

조조(ZOZO)의 마에자와 유사쿠가 발표한 달 여행 계획은 미국 스페이스X를 통해서다. 현재 미국은 NASA의 규모를 축소하는 대신 우주 개발을 과감하게 민영화하고 있다.

우주 개발은 이미 국가사업이 아닌, 민간 비즈니스 시대입니다.

우주 숙박업도 시작해보면 어떨까요?

일본

앞서 소개한 아스트로스케일 외에도 초소형 위성을 활용한 위성망 구축을 목표로 하는 액셀스페이스(AxelSpace), 세계 최초로 민간 달 탐사를 목표로 하는 아이스페이스 (iSpace) 등 민간 기업도 시선을 끈다.

미국

미국은 일론 머스크의 스페이스X. 제프 베조스의 블루 오리진이 잘 알려져 있는데, 그 외에도 소형 위성 전용 로켓을 개발하는 벡터 스페이스 시스템(Vector Space System), 소프트뱅크도 출자한 원웹(OneWeb), 100기 이상 인공위성을 소유하고 있는 플래닛(Planet) 등 수많은 기업들이 활약하고 있다. 참여하는 기업의 수가 향후 더 늘어날 것은 분명하다.

호주

호주는 처음으로 민간 개발에 의한 하이브리드 로켓 발사에 성공. 2018년에는 우주 기관 설립을 발표했다.

주목할 만한 스타트업 기업

조조(ZOZO)의 창업자 마에자와 유사쿠가 2023년에 달 여행을 갈 거라고 발표하는 등
민간인도 우주를 여행하는 시대가 열리고 있다. 우주여행을 갈 미래를 내다보며·
우주 비즈니스를 기회로 보는 스타트업 기업들을 소개한다.

PD 에어로스페이스 PD AeroSpace
일본

지구와 우주를 연결하는 항공기 스타일의 수송 인프라

사람과 사물이 우주와 지구를 빈번하게 왕래할 미래를 상정하고, 저비용
으로 매우 편리한 우주 수송 인프라 구축을 목표로 하는 스타트업 기업이
다. 발사식이 아닌 항공기 스타일의 이착륙, 기체를 사용한 후 폐기하지
않고 재사용하여 저비용을 실현하고 우주 환경까지 고려한 사업을 구상
중이다. 연소 모터를 대체하여 기체 엔진으로 비행할 수 있게 한다. 일본
에서 기체 인증을 거쳐 2024년 운행 개시를 목표로 한다.

로켓 랩 Rocket Lab

미국

세계 최초로 상업용 소형 로켓 발사에 성공

로켓 랩이 개발한 '일렉트론(electron)' 로켓은 소형으로, 스페이스X에서 개발한 '팰컨9'의 1/4 정도다. 발사 비용도 팰컨9이 약 5000만 달러(약 600억 원)인 데 반해 일렉트론의 1기 비용은 1/9 수준인 약 570만 달러(약 68억 4000만 원)로 파격적이다. 2019년까지는 2주에 1회, 2020년까지는 주 1회 발사하는 것을 목표로 하고 있다. 또한, 인공위성 판매도 시작했는데 이를 이용하면 인공위성의 외부 구조를 설계하는 수고를 줄일 수 있다.

솔라 푸드 Solar Foods

핀란드

공기와 전기로 우주식 단백질 만드는 방법을 연구

식량 위기와 지구 온난화 문제에 대처하는 기업으로 수소, 이산화탄소, 미네랄을 혼합한 후 박테리아 대사 작용을 통해 인공 단백질을 생성해서 식료를 만들어내는 기술을 개발했다. 또한, 공기와 전기를 주원료로 하여 단백질을 만드는 데 성공하여 유럽의 우주 기관들과 공동으로 우주식 단백질을 만드는 연구도 시작했다. 솔라 푸드의 식용 단백질은 동물이나 식물을 사용하지 않아 비건으로도 먹을 수 있다.

민간인이 달과 화성으로
여행하는 시대가 곧 시작된다!

일론 머스크가 설립한 미국의 우주 개발 벤처기업 스페이스X
는 2023년에 민간인의 달 여행을 시행한다고 발표했다. 이 회
사의 첫 비행에 조조(ZOZO)의 마에자와 유사쿠가 탑승자로 계약
하여 일본에서도 화제를 모았다. 이들은 '스타십'이라 불리는
우주선에 탑승할 예정이다.

현재 개발 중인 우주 비행 시스템 BFR에 의해 발사되는 로켓
은 스타십을 분리하고, 스타십은 달 주변을 비행한 뒤 약 이
틀 후 달에 착륙한다. 계획에 따르면 스타십은 달 뒷면을 지나
약 5일 후에 지구로 귀환한다. 2019년 2월, 스페이스X의 CEO
일론 머스크가 스타십에 사용할 로켓엔진 '랩터'의 연소실험
에 성공했다고 발표하는 등 준비는 착착 진행되고 있다. 스페
이스X는 이 BFR를 사용하여 국제우주정거장 보급 임무와 인
공위성 발사 등을 고려하고 있으며, 달 여행을 성공한 후에는
화성으로 유인 비행을 계획하고 있다고 발표했다.

CHAPTER 2

AI와 빅데이터

인간이 해오던 작업을

컴퓨터에 학습시키는 딥러닝을 통해

축적된 데이터를 다양한 서비스에 응용할 수 있게 되었다.

키워드 미리 보기

어느새 우리 생활에 친숙하게 다가온 AI(인공지능). 그 기능을 통해 수집된 빅데이터를
활용하는 최첨단 비즈니스의 키워드를 소개한다.

✓ **KEY WORD**

인공지능 AI

원래 인공지능은 '인간처럼 생각하는 컴퓨터'를 말하는데, 인간
처럼 심오한 지능을 가진 컴퓨터는 아직 개발되지 않았다.

✓ **KEY WORD**

튜링머신 개념

'인공지능의 아버지'로 불리는 영국의 과학자 앨런 튜링(Alan
Turing)이 인간의 뇌로 계산할 수 있는 것은 컴퓨터로 구현할 수
있다고 주장한 개념이다.

✓ **KEY WORD**

딥러닝 Deep Learning

기계학습의 하나로 인간이 자연스럽게 해온 작업을 컴퓨터에 학
습시키는 것. 이를 통해 AI가 바둑이나 장기 등에서 인간을 이기
기도 했다.

✓ **KEY WORD**

텔레매틱스 Telematics 보험

승용차에 탑재한 통신 기능을 통해 운전자의 축적된 주행 데이터
에 기반하여 보험료를 산출한다. 운전행동 연동형(PHYD, Pay How
You Drive)과 주행거리 연동형(PAYD, Pay As You Drive)이 있다.

AI 스코어 렌딩 AI Score Lending

고객의 신용정보, 가족 구성의 특성, 성격 진단 등 데이터를 AI
로 분석하여 산출한 점수를 기반으로 대출 규모나 금리를 정하
는 방식이다.

AI를 통한 가격 최적화

고객이 어느 점포에서 무엇을 구매하는지 등의 데이터를 실시
간으로 분석하여 바로 적절한 마케팅과 최적 가격을 산출하는
것을 말한다.

AI 인프라

공공 인프라 보수 시 시설을 촬영한 영상을 AI가 분석하여 손상
된 부분을 특정하고, 이후 상태 변화를 예측하여 보수의 필요성
과 긴급성 등을 산출하는 시스템이다.

리스크 스코어 Risk Score

범죄 이력, 나이, 인종, 고용 상황, 교육 수준 등을 통해 AI가 재
범이나 범죄 발생 위험을 판정하는 점수. 미국의 일부 주에서 채
택하고 있다.

01 아직 진정한 인공지능은 존재하지 않는다

인공지능(AI)을 활용했다는 사례들이 넘쳐나지만, 연구자 측면에서 보면 딱히 인공지능이라 부를 만한 것이 없다.

'인공지능 탑재'라고 하는 대부분의 가전제품이 그 분야 연구자에게 물어보면 인공지능이 아니라고 말한다. 세간에는 인간의 일부 지적 활동을 흉내 내는 기술까지 포함하여 인공지능이라 부르고 있다. 그러나 인공지능의 원래 의미는 '인간처럼 생각하는 컴퓨터'이다. 아직 인간처럼 심오한 지능을 가진 컴퓨터는 개발되지 않았다.

 인간처럼 생각하는 컴퓨터의 개발은 아직……

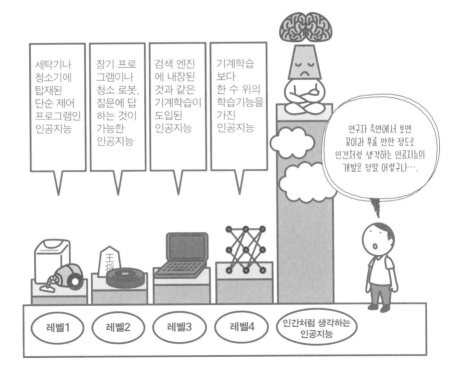

인간의 뇌와 컴퓨터는 둘 다 전기신호가 전기회로를 통해 전달되어 뭔가를 계산해 낸다. 영국의 과학자 앨런 튜링은 인간이 계산할 수 있는 것은 컴퓨터에서도 구현 가능하다고 주장했다. 바로 '튜링머신'의 개념이다. 인간의 사고가 뭔가를 계산해 낸다면 그것은 컴퓨터에서도 구현할 수 있다는 것이다. 그러나 뇌에 가까운 고도 의 인공지능 개발은 좀처럼 쉽지 않다.

이론적으로는 인공지능이 가능하다

인간의 뇌는 뇌 안에 있는 많은 신경세 포가 전기회로처럼 구성되어 있고, 거 기를 전기신호가 교류하면서 작동한다.

컴퓨터는 내장된 CPU(중앙처리장치) 라 불리는 전기회로에 전기신호가 교류 하면서 계산이 이루어진다.

CPU

둘 다 전기신호가 전기회로를 통해 교류하여 작동한다.

인간의 뇌와 컴퓨터의 작동은 매우 유사하며 인간의 뇌가 하는 모든 활동은 컴퓨터에서도 구현할 수 있습니다.

◎ 앨런 튜링(1912~1954)
영국의 과학자. '인공지능의 아버지'라 불린다.

02 AI 발전에 있어 세 번의 큰 흐름

인공지능은 지금까지 여러 차례 부침을 겪었는데, 최근 들어 서서히 진화하고 있다. AI의 붐은 지금까지 세 번 찾아왔다. 그 처음은 1950년대 후반에서 1960년대까지로, 컴퓨터로 추론과 검색을 통해 특정 문제를 해결하려는 연구 붐이 일어났다. 그런데 복잡한 현실적 문제를 해결할 수는 없다는 사실이 드러나면서 급속하게 그 붐이 사그라졌다. 다음은 1980년대. 컴퓨터에 지식을 입력하면 똑똑해진다는 접근으로 다시 시선을 끌었는데, 1995년경 그 열기도 식어 버렸다.

 AI 붐의 흐름

컴퓨터로 추론과 검색을 통해 특정 문제를 해결하려는 연구 붐이 일어났다.

'토이 프로그램(장난감 문제: 현실의 문제를 간단하게 만든 것)'으로 불리는 간단한 문제는 해결할 수 있어도 현실의 복잡한 문제는 해결할 수 없다는 것이 밝혀지면서 열기가 사그라졌다.

네 이름을 말해봐.

켄치로

무슨 말인지 모르겠어….

제1차 AI 붐
(추론 · 탐색)

사는 게 뭐니?

1950년대 후반~1960년대

1990년대 중반에 인터넷이 보급되면서 제기된 기계학습, 특히 '딥러닝(Deep Learning, 심층기계학습)'으로 2000년대, 세 번째 붐이 일어났다. 딥러닝이란 인간이 자연스럽게 해오던 작업을 컴퓨터에 학습시키는 것이다. 예를 들면, 자율주행차의 AI가 전봇대와 인간을 구별한다든가 표지를 인식한다든가 하는 기술이다. 이 기술은 현재 다양한 분야에서 실용화되고 있다.

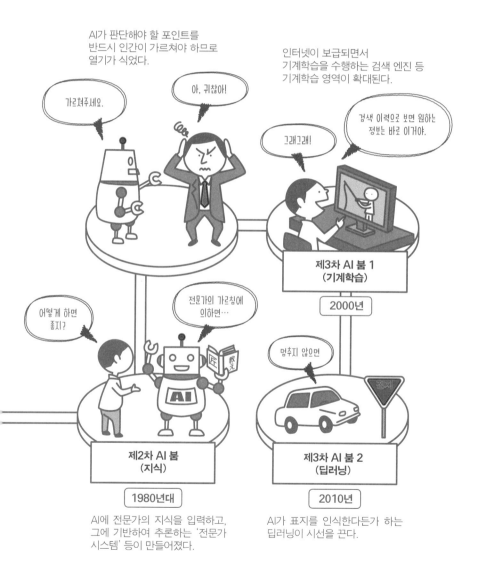

03 운전자의 주행 데이터에 기반해 보험료를 산출한다

주행거리나 운전 특성이 드러나는 운전자의 주행 데이터에 기반하여 보험료를 산출하는 '텔레매틱스 보험'이 활성화되고 있다.

도요타 자동차는 2020년까지 일본, 미국, 중국에서 판매하는 모든 승용차에 통신 기능을 기본 사양으로 탑재할 방침이다. 통신 기능을 통해 운전자의 주행 데이터를 축적할 수 있어서 자동차 보험회사는 속도, 브레이크, 엑셀 조작 등 운전 특성 데이터를 통해 안전운전 정도를 평가할 수 있다. 이에 따라 할인을 적용하는 등 '운전행동 연동형(PHYD, Pay How You Drive)' 텔레매틱스 보험을 도입할 수 있게 된다.

 ## 운전 특성 데이터로 보험료를 정한다

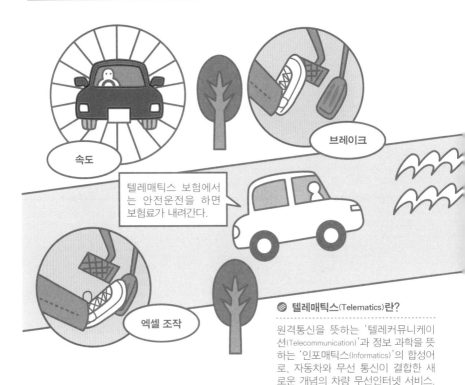

속도

브레이크

텔레매틱스 보험에서는 안전운전을 하면 보험료가 내려간다.

엑셀 조작

📶 텔레매틱스(Telematics)란?

원격통신을 뜻하는 '텔레커뮤니케이션(Telecommunication)'과 정보 과학을 뜻하는 '인포매틱스(Informatics)'의 합성어로, 자동차와 무선 통신이 결합한 새로운 개념의 차량 무선인터넷 서비스. 자동차를 네트워크로 연결하면 다양한 서비스를 제공할 수 있다.

텔레매틱스 보험에는 운전행동 연동형 외 주행거리에 따라 보험료가 변동하는 '주행거리 연동형(PAYD, Pay As You Drive)'이 있다. 지금까지 주행거리로 정하는 자동차 보험의 경우 운전자가 계약할 때 예상 연간 주행거리를 신고하는 방법이 일반적이었다. 하지만 이제는 통신 기능으로 실제 주행거리를 측정히여 더 명확하고 정확한 보험료를 산출하는 텔레매틱스 보험이 일반화될 것이다.

보험회사

자동차의 운전 특성 데이터를 분석하여 보험료를 정한다.

네트워크로 연결되어 있어서 정확한 주행거리를 보험회사에 전달할 수 있게 되었어요!

네트워크를 통해 자동차의 운전 특성 데이터가 보험회사로 전달된다.

텔레매틱스 보험에는 운전행동 연동형과 주행거리 연동형이 있다. 주행거리 연동형은 주행거리에 따라 보험료가 달라진다.

04 대출 규모를 결정하는 AI 스코어 렌딩

대출 심사에서 AI를 이용하는 'AI 스코어 렌딩'은 과거 대출과는 전혀 다른 새로운 방식이다.

AI 스코어 렌딩이란 고객으로부터 받은 데이터를 AI로 분석하여 산출한 스코어(점수)를 기반으로 대출 규모나 금리를 정하는 것이다. 일본에서 처음으로 AI 스코어 렌딩을 도입한 'J스코어(J.Score, 소프트뱅크와 미즈호은행이 공동출자하여 설립한 합자회사)'는 고객의 신용정보와 가족 구성의 특성 외 소프트뱅크와 미즈호은행의 서비스 이용 실태, SNS 등 인터넷 이용과 취미, 성격 진단 결과 등의 데이터를 분석하여 스코어를 산출한다.

AI가 산출한 스코어로 대출 규모와 금리를 정한다

● 지금까지의 신용정보

● 통신 회사와 은행의 서비스 이용 실태

BANK

● 가족 구성

AI 스코어 렌딩의 장점은 고객이 대출 심사를 신청하기 전에 AI가 산출한 스코어를 기반으로 '나의 대출 가능 금액은 얼마이고, 금리는 몇 %'라는 정보를 미리 알 수 있다는 점이다. 지금까지의 은행 대출과 다른 관점으로 심사하기 때문에 과거 기준으로 소액이나 대출 자체가 불가능했던 사람도 적극적으로 대출을 받을 수 있게 된다.

대출 기관
대출해주는 쪽은 산출된 스코어에 기반하여 대출액을 결정한다.

고객
산출된 스코어에 기반하여 대출 금리와 한도액을 심사 전에 알 수 있다.

AI가 고객의 데이터를 분석하여 그 사람의 생각과 행동 패턴에 기반하여 스코어를 산출한다.

● 성격 진단 결과

● SNS 등에서 인터넷 이용 성향과 취미를 파악

05 AI를 통한 실시간 마케팅

AI로 데이터를 분석하여 고객에게 매력적인 가격을 제시하는 것이 오늘날에는 당연하게 받아들여지고 있다.

고객이 어느 점포에 들어가 어떤 상품을 선택하는지, 경쟁 점포에서는 같은 상품을 얼마에 판매하고 있는지 등의 데이터를 AI가 파악하여 바로 적절한 방침을 보내는 실시간 마케팅의 하나로 '가격 최적화'가 있다. 그러나 이는 합리적인 한편 문제점도 있다. 과거 허리케인이 상륙하기 전에 아마존의 방재용품 가격이 일제히 급등하는 바람에 아마존은 고객으로부터 맹비난을 받아야 했다.

 ## 데이터에 따라 가격을 최적화한다

역 지하에 집객율이 높은 A 점포는 12,000원, 역내보다 집객율이 낮은 B 점포는 10,000원. 그러면 역내 점포는 11,000원으로…

AI가 다양한 데이터를 파악하여 최적의 가격을 책정한다.

₩11,000
₩12,000
₩10,000
₩12,000

야후 재팬과 후쿠오카 소프트뱅크 호크스는 후쿠오카 야후오쿠 돔 경기의 인터넷 티켓 판매분 일부를 대상으로 가격 최적화를 실행하고 있다. 과거 3년간의 판매 실적 데이터를 기본으로 리그 순위와 대전 실적, 시합 일시, 티켓 매출 등을 AI에 입력히여 경기당 수요를 예측하고 그 수요에 따라 가격을 책정한 티켓을 전자티켓 서비스 '패스 마켓(PassMarket)'으로 판매하고 있다.

경기당 수요를 AI가 예측하여 가격을 결정한다

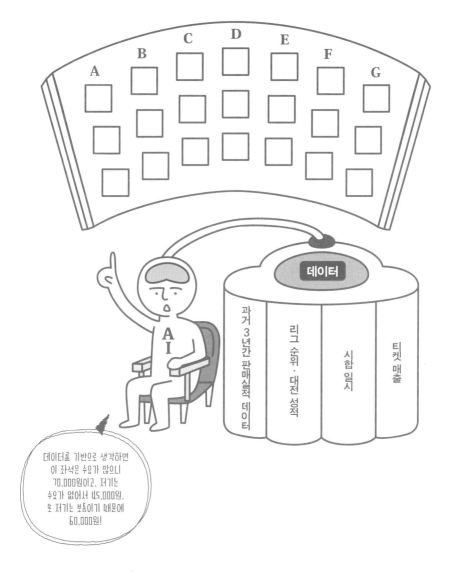

06 보수가 필요한 부분을 알려주는 AI 인프라

국가 예산이 소요되는 공공 인프라의 보수 비용을 절감하기 위해 AI 인프라를 통한 효율화는 시급한 과제로 떠오르고 있다.

일본에서는 전후 고도 성장기에 정비한 도로와 교량 등 공공 인프라의 노후화가 문제로 제기되고 있는데, 이 보수 비용을 절감하기 위해 AI를 활용할 계획이다. 예를 들면, 인프라 시설을 촬영한 영상을 AI가 분석하여 손상된 부분을 특정하고 이후 상태 변화를 예측하여 보수의 필요성과 긴급성 등을 산출하는 방식이다.

 ## AI를 활용하여 보수 비용을 절감한다

점검 AI. 영상 등의 데이터에서 균열이나 부식 등의 상황 변화를 검출. 과거 데이터와 비교하여 손상 징후를 찾아낸다.

일본 내 도로와 교량은 2033년이 되면 60% 이상이 시공 후 50년이 지난다. 따라서 AI의 정확도를 향상하는 것이 중요한 과제다. AI의 판단 기초가 되는 것은 토목 기술자들이 과거에 축적한 사례들이다. AI는 이 데이터를 기반으로 몇 차례 반복 학습하여 더 높은 정확도를 꾀하고 있다. 더욱이 이 점검에 참여하는 토목 기술자들의 고령화로 그 수가 점점 감소하고 있어서 AI의 고도화는 향후 일본 사회의 필수 불가결한 과제가 되고 있다.

아! 그렇구나

'교사 데이터'라고 불리는 토목 기술자가 축적한 사례가 AI의 판단 기초가 된다.

이건 바로 보수하지 않으면 안 되겠는데….

진단 AI. 점검 AI가 산출한 결과를 기반으로 손상된 부분을 특정하고, 이후 상태 변화를 예측하여 보수의 필요성과 긴급성, 구체적인 대처법 등을 산출한다.

One point

노후한 인프라의 점검과 보수에 40년간 5000조 원 이상이 소요될 것으로 알려져 있는데 AI를 통해 이 비용을 절감할 수 있을 것으로 기대한다.

07 AI가 안고 있는 윤리 문제

AI는 여러 분야에서 다양하게 활용되고 있지만, 아직도 해결해야 할 문제가 많다.
AI가 진화하면서 이에 따르는 윤리 문제도 제기되고 있다. 예를 들면 자율주행차에
탑승하고 있을 때 갑자기 어머니와 아들이 튀어나왔다고 치자. 핸들을 돌려 차가
벽에 부딪히든가 아니면 어머니와 아들을 칠 것인가 하는 상황에서 AI는 과연 어떤
판단을 내릴까? 운전자는 한 명이고, 어머니와 아들은 두 명이기 때문에 희생자의
수로 판단하면 어머니와 아들을 구하는 선택이 바른 판단일지 모른다. 그러나 AI가
사람의 목숨을 저울질하는 것이 과연 옳은가 하는 문제가 남는다.

 ## AI를 이용하는 자율주행차의 윤리 문제

어머니와 아들을 칠 것인가. 핸들
을 돌려 벽에 부딪힐 것인가.
둘 중 어느 것을 선택할 것인가는
AI의 판단에 달려 있다. 희생자
선택에 우선순위를 정하는 것이
과연 옳은가 하는 문제가 있다.

One point

예를 들어 운전자보다도 보행
자의 생명을 구해야 한다고
하면 운전자의 생명을 우선하
지 않는 자율주행차를 과연
고객이 구매할까 하는 문제도
생긴다.

미국의 일부 주에서 채택하고 있는 '리스크 스코어(위험 점수)'에 의한 결정도 AI가 안고 있는 윤리 문제의 하나다. 범죄자가 재범할 확률을 빅데이터를 통해 예측하여 그 범죄자의 사회적 리스크를 계산하여 형기를 결정한다는 것인데, 백인보다도 흑인의 리스크를 높게 예측힌다는 지적이 있기 때문이다. AI가 편리하긴 하나 이처럼 인간을 차별화할 위험 또한 안고 있다.

리스크 스코어를 이용한 재판의 문제

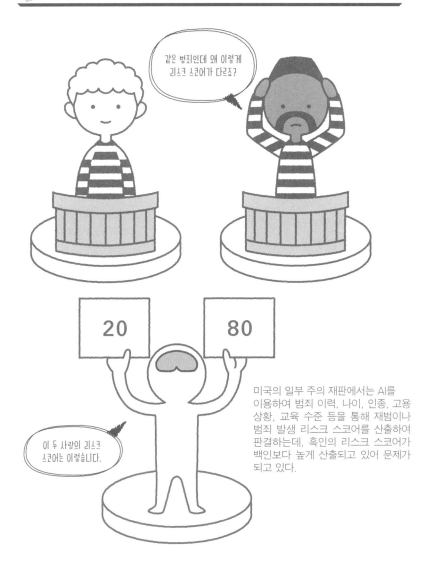

같은 범죄인데 왜 이렇게 리스크 스코어가 다르죠?

이 두 사람의 리스크 스코어는 이렇습니다.

미국의 일부 주의 재판에서는 AI를 이용하여 범죄 이력, 나이, 인종, 고용 상황, 교육 수준 등을 통해 재범이나 범죄 발생 리스크 스코어를 산출하여 판결하는데, 흑인의 리스크 스코어가 백인보다 높게 산출되고 있어 문제가 되고 있다.

주목할 만한 스타트업 기업

인간의 행동이나 기호, 나아가 신용정보까지 다양한 데이터를 축적하여 해석해내는 AI.
이러한 AI를 통해 사물이나 서비스에
새로운 가치를 만들어내는 스타트업 기업을 소개한다.

오르쓰 オルツ
일본

인격을 가진 '퍼스널 AI(PAI)'의 연구와 개발

인격을 복사하고 디지털화하여, 디지털 작업을 대행시킨다. 인터넷이나 SNS에서 한 사람의 퍼스널 데이터를 축적하고 해석하여 개인의 인격을 복사한 후 그 사람의 의사를 디지털화하는 것을 목표로 하고 있다. PAI는 한 개인의 행동이나 사고 경향 등 개인 정보만을 학습하기 때문에 클라우드 상에 '클론(유전적으로 동일한 세포군 또는 개체군)'이 존재하는 것과 같다. PAI가 실현되면 클론이 이메일을 회신하는 등 모든 디지털 작업을 대행할 수 있을 것이다.

센스 타임SENSE TIME
중국

AI로 최고의 안면 인식과 물체 인식을 실현

홍콩에 본사를 두고 딥러닝을 응용한 AI와 안면 인식 기술을 연구, 개발하는 기업. 2014년 인간의 눈이 가지는 인식 능력을 뛰어넘을 정도로 정확성을 가진 화상인식 알고리즘을 세계 최초로 개발했다. 2015년 AI를 통한 '이미지넷 대용량 영상 인식 대회(ILSVRC)' 동영상 부문에서 우승을 차지하였다. 이 회사는 혼다와 공동으로 자율주행기술을 개발하고 있으며, 2019년에 이바라키현 조소시에 'AI 자율주행파크'를 오픈했다.

나우토Nauto
미국

자율주행차의 두뇌가 되는 시스템을 개발

AI가 탑재된 드라이브 레코더를 통해 운전 모니터링 시스템을 제공한다. 운전자의 행동과 리스크 발생 상황에 따라 위험 정도를 클라우드 상의 AI가 실시간으로 분석한다. 휴대전화 통화에 빠져있거나 졸거나 곁눈질하거나 난폭 운전을 한다고 판단되면 주의를 보내 경고한다. 이러한 기술은 자율주행차의 두뇌로 진화할 수 있는 시스템이라 자동차 회사와 투자자로부터 높은 관심을 받고 있다.

AI가 소설가를 대체하는 시대가
과연 올까?

AI는 현재 인간만이 할 수 있다고 생각하고 있는 분야로 점점 진출하고 있다. 예를 들면 소설 집필이다. 일본의 유명 AI 연구자인 마쓰바라 진 교수가 공개한 프로젝트를 보면, AI에게 작가 호시 신이치가 남긴 1,000편 정도의 단편소설 데이터를 주고 소설을 쓰게 했다. 그 결과 3개의 작품을 썼는데, 그중 한 작품이 '호시 신이치 문학상'의 1차 심사를 통과했다.

그러나 AI를 통해 소설을 쓰기 위해서는 데이터 입력 등 인간의 노력이 80%가 필요한 데 반해 AI의 기여는 20% 정도로, AI가 스스로 소설을 자동 생성하는 단계는 아직 요원한 것 같다. 사실 고속 처리에 더 어울리는 AI로서는 소설보다도 뉴스 기사를 작성하는 쪽이 더 맞을지 모른다.

이미 AP통신과 로이터통신 등에서는 AI 기자가 활약하고 있다. 담당 분야는 주가나 스포츠 결과, 기상 예보 등 소위 데이터 위주의 기사들이다. 기자의 창의성이 있어야 하는 기사를 AI에 맡기기에는 아직도 시간이 좀 더 필요한 것이 현실이다.

CHAPTER 3

모빌리티

자율주행으로 무인 택시나 무인 버스가 운행된다면

인간에게 가용 시간이 늘어나 생산성이 높아질지 모른다.

키워드 미리 보기

물류와 건설업계에서는 인력 부족이 심각해지면서 자율주행의 실용화에 적극적으로 나서고 있다. 진화하고 있는 모빌리티 테크놀로지에 관한 키워드를 살펴보자.

✓ KEY WORD

탄소섬유

탄소에서 나오는 섬유. 높은 강도와 탄성을 갖고 있으며, 알루미늄보다 가볍고 부식되지 않는 첨단 소재로, 자동차와 의료기기 등에 이용되고 있다.

✓ KEY WORD

차량 탑재용 HUD 전방표시장치, Head Up Display

차의 앞 유리에 시각 정보를 허상으로 반사해 목적지 안내 지도나 교통정보를 표시하는 차량 탑재용 헤드업 디스플레이로 안전한 운전을 돕는다.

✓ KEY WORD

재료 게놈 프로젝트

신소재를 빠르게 개발하기 위해 화합물의 재료 구성 요소나 구조, 경도 그리고 전기 전도도 등의 성질을 슈퍼컴퓨터에 데이터베이스화하는 계획을 말한다.

✓ KEY WORD

무인 대열주행

선두 트럭에만 운전기사가 탑승하여 센서, 카메라, 차량 간 통신 시스템을 이용하여 무인 후송 차량을 운전하는 것으로, 물류의 효율화를 꾀한 수송 방법이다.

무인 불도저

GPS나 자이로(방향 감지 센서)를 탑재한 무인 농기계. 숙련 노동자의 동작을 데이터화한 후, 프로그래밍해서 숙련자와 같은 수준으로 작업할 수 있게 한다.

자동운전 제설차

위성 위치정보 시스템에서 시각 데이터를 정보로 받아 차량 주변 상황을 모니터에 띄워 악천후 시 운전 조작은 물론 제설 작업을 간편하고 효율적이고 안전하게 할 수 있다.

전고체전지

전해질을 고체로 만든 전지. 흐르거나 화재 위험이 없고, 100도의 고온에서 영하 30도까지 어떤 환경에서도 문제없이 작동하는 등 안전과 성능 면에서 탁월하다.

초희박연소

이론공연비(연료를 완전히 연소하기 위한 공기와 연료의 혼합 중량비)보다 희박한(공기의 비율이 높은) 혼합 가스를 안전하게 연소시키는 방식. 초희박연소 엔진은 배출가스 저감과 저연비를 실현할 수 있다.

01 탄소의 실로 만든 튼튼하고 가벼운 BMW 에코차

BMW는 일본에서 개발한 '탄소섬유'를 양산차에 재빨리 도입하여 연비가 좋은 최고의 에코차 개발에 성공했다.

BMW의 전기자동차에 사용되고 있는 소재는 철강이 아니라 탄소섬유다. 성분의 90% 이상이 탄소이고 나머지는 질소로 만든 소재. 다이아몬드만큼 강한 화학 결합을 보이기 때문에 강도가 뛰어나고 높은 탄성을 가지고 있으며, 알루미늄보다 가벼우며 부식되지 않는 첨단 소재다. 이 때문에 일반 자동차보다 50% 이상 경량화에 성공하여 연비가 뛰어난 최고의 에코차를 완성했다.

튼튼하고 가벼운 차체가 자랑인 에코차의 완성

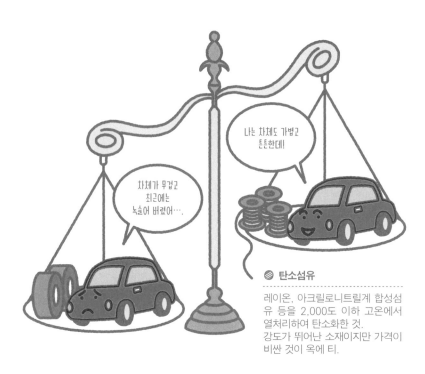

나는 차체도 가볍고 튼튼한데!

차체가 무겁고 최근에는 녹슬어 버렸어….

◉ 탄소섬유
레이온, 아크릴로니트릴계 합성섬유 등을 2,000도 이하 고온에서 열처리하여 탄소화한 것.
강도가 뛰어난 소재이지만 가격이 비싼 것이 옥에 티.

민간 항공기에도 알루미늄 대신 탄소섬유를 사용하여 연료 소비와 이산화탄소 배출량을 줄이고 있다. 가볍고 취급이 쉬워 탄소섬유 강화 플라스틱은 차량 의자, 간호 침대, 의족, 치아 교정기, 휴대용 슬로프 등 의료, 복지용 기기에도 이용되고 있다. 또한, 로켓이나 인공위성 등 우주 분야에서도 탄소섬유가 이용되는 등 그 수요가 증가하고 있다.

의료와 우주 분야에 이용되는 탄소섬유

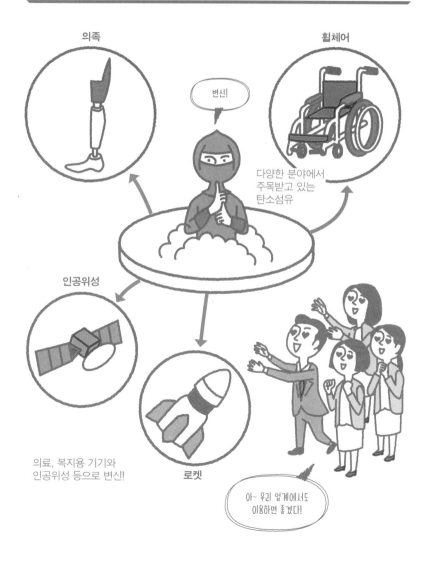

의족

휠체어

변신!

다양한 분야에서
주목받고 있는
탄소섬유

인공위성

의료, 복지용 기기와
인공위성 등으로 변신!

로켓

아~ 우리 업계에서도
이용하면 좋겠다!

02 앞 유리에 교통정보가 한눈에 보이는 차량 탑재용 HUD

차의 앞 유리에 진로 안내나 교통정보를 보여주는 'HUD(전방표시장치, Head Up Display)'는 주행의 안전성 향상에 도움을 준다.

진로 안내나 교통정보 등을 앞 유리에 허상으로 반사해 운전자의 2~3m 앞에 떠 있는 것처럼 보이도록 하는 차량 탑재용 HUD가 일본 양산 차에도 탑재되고 있다. 이는 운전 중에 시선을 전방에서 돌릴 필요가 없으므로 안전한 주행에 도움을 준다. 반면 실물과 영상의 혼동을 어떻게 피할 수 있을지가 앞으로의 과제다.

눈앞에 교통정보가 요약되어 곁눈질할 필요가 없다

이쪽에도 저쪽에도 표지판. 집중력을 떨어뜨리거나 곁눈질 운전으로 이어질 수 있다.

HUD 탑재 차량은 눈앞에 교통정보가 나오기 때문에 두리번거릴 필요가 없다.

또한, 다른 차량이나 보행자, 표지판, 차선 등에 AR(증강현실)이 겹쳐 부딪힐 위험이 있는 경우 대상물에 경고 표시를 추가해 반복해서 주의를 주는 'AR HUD'도 개발되고 있다. 파나소닉에서는 단순한 동작만으로 오디오나 에어컨을 조작할 수 있는 차량 탑재형 입력 시스템을 개발하고 있다. 이는 스위치나 디스플레이를 본다든가 버튼을 누를 필요가 없어서 곁눈질 운전을 막을 수 있다.

위험까지 감지하여 경고하는 AR HUD

미래의 HUD는 AR 기술과 결합된다. 위험물에 대해 경고 표시를 반복해 알려주므로 안심하고 운전할 수 있다.

03 화합물의 데이터베이스 '재료 프로젝트'

재료를 분자 수준으로 데이터베이스화하면 필요한 물질을 바로 찾아낼 수 있어 신소재 발견에 탄력이 붙는다.

미국에서는 뛰어난 성능을 가진 신소재를 찾아내는 속도를 2배 올리는 국가 프로젝트가 진행되고 있다. 그 일환으로 캘리포니아주에 있는 로렌스 버클리 국립연구소(Lawrence Berkeley National Laboratory)에서는 슈퍼컴퓨터로 약 10만 종의 화합물 구성 요소와 구조, 경도 그리고 전기 전도도 등의 성질을 데이터베이스화하는 '재료 프로젝트'를 추진하고 있다.

데이터베이스로 신소재 개발도 빠르게

데이터베이스를 기반으로 재료를 나노 수준으로 해석할 수 있으면, 목적에 따라 뛰어난 성질을 가진 물질을 쉽게 찾아낼 수 있다. 이로 인해 앞으로 우리 생활도 지금보다 훨씬 편리해질 것이다. 예를 들면 전기 전도도가 좋은 물질이 발견되어 충전지의 성능이 향상되면 전기자동차의 주행거리는 길어지고 모바일 전자기기의 작동 시간도 늘어날 것이다.

충전 없이 은종일 가전제품을 작동할 수 있다?

사람은 휴식이 필요하지만 앞으로 '24시간 돌아가는' 가전제품이 출시된다?

04 선두에만 사람이, 그 뒤에는 AI가 조종하는 대열 트럭

선두에 있는 유인 트럭으로 후속의 무인 트럭을 자동운전하는 '대열주행'의 실용화가 만성적인 인력 부족에 시달리는 물류업계의 구세주가 되고 있다.

선두 트럭에는 운전기사가 타고, 무인 후속 차량 2대가 센서, 카메라, 차량 간 통신 시스템을 이용하여 선두 차량을 뒤따르는 수송 광경을 가까운 미래에 현실로 보게 될 것이다. 물류업계는 2020년에는 운전기사가 10만 명 정도 부족할 것으로 예상한다. '무인 대열주행'이 현실화되면 후속 트럭이 늘어나도 운전기사는 한 명이기 때문에 수송 효율은 극적으로 높아질 것이다.

 ## 통신 시스템으로 연결하여 정확하게 '일렬종대로'

같은 화물량을 운반해도

 무인 대열주행　트럭 대수와 관계없이 한 사람의 인건비

지금까지　트럭 대수만큼의 인건비

일본에서는 무인 대열주행에 특화한 자동차 보험도 개발되고 있다. 무인 후속 차량이 전자 연결 오류 등으로 고속도로에 낙오되면 구간 내 운행 불능에 따른 영업 손실의 배상 책임이 도로 관리자에게 발생할 수 있다. 이 외에도 낙오된 트럭을 이동시키기 위해 운전기사 파견과 견인 차량 비용 등을 보상하는 보험을 미쓰이스미토모 해상화재보험과 아이오이닛세이도와 손해보험이 개발했다.

무인 차량의 낙오에 대비한 보험

05 사라지는 숙련 기술을 복사한 자동운전 중장비

숙련 작업자의 노하우를 프로그래밍하여 무인 건설기계가 숙련자와 동일한 수준으로 작업할 수 있게 하는 기술이 개발되었다.

건설업계의 인력 부족을 해소하고 현장의 효율을 올릴 것으로 기대되는 것이 '자동운전기술'이다. 가시마 건설(鹿島建設)은 이미 댐 건설 현장 등에 '무인 불도저'를 도입하고 있다. GPS와 자이로를 탑재하여 주행 중에 블레이드(배토판)를 자동 제어할 수 있다. 제어 프로그램에는 숙련 작업자의 동작을 축적한 데이터가 내장되어 유인 불도저와 비교해도 손색없을 만큼 시공의 정확도가 높다.

 숙련자의 노하우를 무인 중장비에 입력하여 계승한다

자동운전기술은 토목 현장만의 이야기가 아니다. 미래에는 일반 도로에 무인 택시나 무인 버스 등이 다닐 것이다. 운전기사의 인건비가 들지 않아 교통요금이 싸지고, 자가용차를 포기하는 사람이 늘고, 자율주행차가 널리 보급되면 교통사고가 크게 줄어 정체도 완화될 것이다. 사람들은 운전하는 데 걸리는 시간을 다른 일에 사용할 수 있으므로 삶의 질과 생산성이 높아질 것으로 기대한다.

운전에 사용한 시간을 다른 업무나 여가생활로

06 위성으로 적설량을 관리하여 자동으로 제설한다

기상 악화로 인해 시야가 나빠도 위성에서 시각 데이터로 정보를 받아 안전하고 효율적으로 제설 작업을 할 수 있는 시대가 온다.

매년 제설차의 숙련 운전기사가 고령화되는 반면 후임자가 부족한 현실이 심화하고 있다. 그래서 동일본고속도로는 준 천정위성(quasi-zenith satellite) 시스템 '미치비키'를 이용하여 경험이 부족한 운전기사도 운전 조작을 쉽게 할 수 있고, 또 악천후로 인한 시계 불량 상황에서도 시각 데이터를 모니터에 띄워 제설 작업을 간편하고 안전하게 할 수 있도록 꾀하고 있다. 이후에는 '자동운전 제설차'를 실용화할 계획이다.

🚗 미래에는 무인 제설차와 무인 농기계가 활약한다?

위성을 이용한 선박의 자동 운항도 곧 실용화될 것이다. 인간의 실수에 의한 충돌 사고 등은 없어지고, 감시 업무를 기계화하여 해상 수송의 안전성과 선원들의 노동 환경이 개선되는 등 많은 장점이 예상된다. 또한, 농기계에 응용하면, 입력한 코스대로 정확한 시간에 정확한 양의 농약과 비료를 자동 살포할 수 있어 일손 부족이 심각한 농업의 효율화에 거는 기대가 크다.

자동차와 선박의 무인화가 당연시된다

일손 부족과 과중한 노동 환경에서는 인간의 실수가 일어나기 쉽지만, 기계는 실수하지 않기 때문에 작업 효율이 대폭 향상된다.

07 전기자동차의 성능을 배가하는 전고체전지

안전이나 성능 면에서 리튬이온 전지를 능가하는 '전고체전지'가 양산화되면 우리 생활도 비약적으로 편리해질 것이다.

전기자동차가 보급되면서 부상하는 것이 전고체전지다. 리튬이온 전지는 전해질이 액체이기 때문에 고온이나 저온에서 성능이 떨어진다. 혹서나 혹한에서 스마트폰의 배터리가 끊기는 것이 원인이다. 반면에 전고체전지는 전해질이 고체이기 때문에 발화 가능성은 극히 낮고, 100도의 고온에서 영하 30도까지 문제없이 작동하는 등 안전이나 성능 면에서 탁월한 특성이 있다.

 혹서나 혹한에서도 지치지 않는다

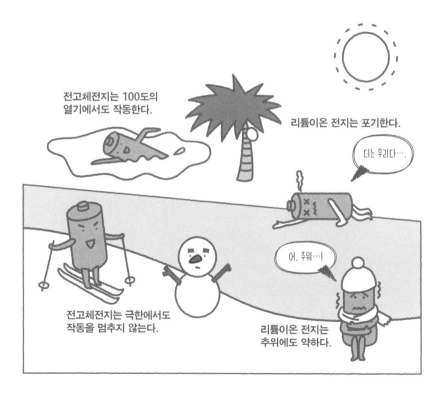

전고체전지는 액체처럼 흐르지 않아 진공 상태인 우주에서도 사용할 수 있다. 2021년에 세계 최초로 달에서 전고체전지의 실증 실험을 할 예정이다. 달 표면과 같이 밤낮의 기온 차가 300도 이상인 가혹한 환경에서 리튬이온 전지는 작동하지 못했다. 전고체전지가 이 문제를 해결하고 우주 개발의 주 동력원인 전력을 안정적으로 공급할 수 있다면 우주 개발을 촉진할 주인공으로 등장하게 될 것이다.

🚗 전고체전지로 우주에서 전력을 안정적으로 공급할 수 있을까?

전고체전지는 우주 개발에 필요한 전력 공급원으로 기대를 모으고 있다.

08 가솔린차의 CO_2 배출량을 전기자동차 수준으로 낮춘다

초희박연소가 실용화되면 엔진이 모터와 전지로 움직이는 EV(전기자동차)의 확산에 제동이 걸릴지 모른다.

2019년 일본과학기술진흥기구(JST)는 도요타자동차, 게이오대, 교토대, 도쿄대, 와세다대와 공동 연구하여 승용차용 가솔린 엔진과 디젤 엔진 모두에서 최고 열효율 50%를 상회하는 데 성공했다고 발표했다. 이처럼 높은 열효율은 열 손실이 적고 저온 환경에서 가솔린을 태울 수 있는 '초희박연소'와 디젤 엔진의 관점에서 최고의 연료와 공기 혼합비를 달성한 '고속공간연소'라고 하는 연소 기술, 그리고 두 엔진 공통의 손실 저감 기술을 각각 통합해서 이루어낸 결과다.

 ## 산학 연계로 이루어낸 기술 개발

초희박연소의 벽을 돌파한 연구팀

초희박연소(슈퍼 린번)는 연료에 공기를 아주 많이 혼합하기 때문에 기존 점화기술로는 착화가 어려워 연소가 안정적이지 않았지만 새로운 점화 기술을 개발해 이 문제를 해결했다. 저온 연소시키면 냉각 손실이 적을 뿐만 아니라 질소 화합물을 거의 생성하지 않는다. 이 기술을 가솔린차에 적용하면 CO_2(이산화탄소)의 배출량을 전기자동차 수준으로 낮출 수 있다.

EV 수준의 저연비 가솔린차가 탄생한다

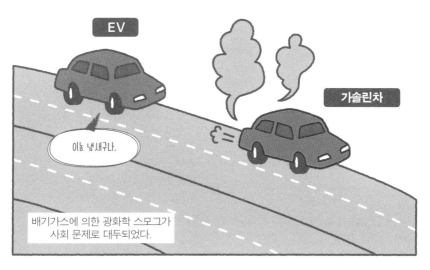

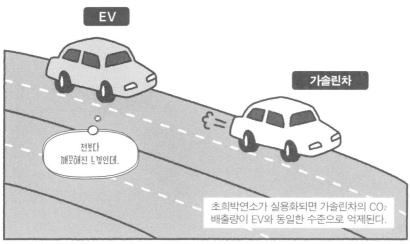

주목할 만한 스타트업 기업

자동차 관련 제조사는 AI와 소프트웨어 개발 스타트업과 협업하여
차세대 모빌리티 개발에 노력하고 있다.
가까운 미래에 AI가 공공교통에 커다란 변화를 가져오지 않을까.

포니닷에이아이 Pony.ai
중국 · 미국

자율주행 라이드 공유서비스

연구 개발은 북경과 실리콘밸리에서 하고, 본사는 미국 캘리포니아 프리몬트와 중국 광저우시에 두고 광저우자동차와 제휴하고 있다. 2018년 1월부터 광저우 시내에서 일반 시민을 승차시켜 시험 주행도 하고 있다. 2019년 1월, 자율주행 택시를 호출할 수 있는 스마트폰 앱을 공개했고 2019년 말에는 자율주행 레벨 4급(고도 자율주행) 상당의 개발 차량을 상용화하는 것을 목표로 배차 서비스를 시작할 계획이다(2019년 6월 기준).

우버 Uber

미국

2023년 드론 택시 사업 오픈을 목표

자동차 배차 앱 우버는 건물 옥상 등을 착륙장으로 하는 드론 택시 서비스 '우버 에어(Uber AIR)'를 2023년에 시작한다고 발표했다. 이용자가 앱으로 예약한 후 건물 옥상에 있는 드론에 탑승, 목적지 부근 드론 착륙장에 내려 우버 택시로 목적지까지 이동하는 방식이다. 건물 옥상의 착륙장 '우버 스카이타워'의 건설 구상도 함께 발표했다. 2020년에는 시험 비행을 시작하고, 2023년에 상용화를 목표로 하고 있다.

더 보링 컴퍼니 The Boring Company

미국

LA의 교통 체증의 해법으로 지하에 고속 셔틀을 개통

일론 머스크가 LA의 교통 체증에 싫증이 나, 자신이 소유한 스페이스X사의 지하 터널을 건설한 것이 발단. 지하 교통망을 구축하면서 동시에 최대 시속 250km로 8~16명을 한 번에 이동시키는 지하 고속 셔틀 프로젝트를 추진하고 있다. 지하철 레드라인에서 지역 야구장인 다저 스타디움까지 시공 권리도 획득했다.

AI가 인간의 노동 유동성을 다양한 분야로 확장한다?

본 장에서 트럭의 무인 대열주행, 토목 건설 현장에서 활약하는 무인 불도저, 자동운전 제설차 등을 소개하며 숙련 운전기사의 고령화와 일손 부족, 장시간 작업에 따른 노동자의 과로와 실수를 해소하려는 자율주행에 대해 다루었다. 인력난에 시달리는 산업 현장에서 AI가 인간을 대신하는 노동력이 된다는 것은 기쁜 일이지만, 한편으로 인간이 AI에게 일을 빼앗기는 것은 아닌지 하는 우려도 있다.

그러나 AI는 인간의 일을 빼앗기보다 인간의 노동 방식을 다양화할 가능성이 더 크다. 예를 들어 어떤 직종에 필요한 10개 기술 중 7개의 기술을 AI에 대체시킬 수 있다면, 그 분야의 전문지식을 갖지 않은 사람도 남은 3개 기술만 익히면 그 직종 업무를 수행할 수 있게 된다. 사람들은 지금보다 훨씬 더 다양한 분야에서 일을 선택할 수 있게 되고, AI를 고용할 가능성이 더 커진다고 보는 견해도 있다.

CHAPTER 4

테크놀로지와 생활

지금은 집에서 사고 싶은 옷을 직접 입어볼 수 있고

교실에서 유적지와 우주를 VR로 체험할 수 있는 시대다.

과연 우리의 생활은 또 어떻게 변해갈까?

키워드 미리 보기

거대한 3D 프린터로 집과 사무실을 지을 수 있는 시대가 되었다.
우리 일상에 밀착한 테크놀로지 키워드를 살펴보자.

✓ KEY WORD

필름형 태양전지

얇고 가벼우며 잘 휘어져 자유롭게 가공할 수 있는 광발전 소재
필름형 태양전지. 재해 시 비상용 충전기로 기대된다.

✓ KEY WORD

3D 프린터 주택

3D 프린터로 건설된 주택. 콘크리트나 유리섬유, 건축 폐자재를
혼합한 재생 콘크리트와 조립용 부자재가 원료이다.

✓ KEY WORD

제로 에미션 zero emission

공장에서 배출된 폐기물이나 부산물을 다른 공장에서 원재료로
재사용하는 것. 폐기물 전체가 그대로 자연으로 흘러가지 않도
록 하려는 노력이다.

✓ KEY WORD

VR(가상현실) 교재

헤드 마운티드 디스플레이(HMD, Head Mounted Display, 머리에 착
용하는 형태의 디스플레이 장치)를 사용하여 주요 유적지와 우주, 과거
의 역사적 공간에 실제 방문하는 듯한 몰입감을 체험할 수 있는
교재. 여행 체험도 있다.

AR 피팅 **AR fitting**

먼저 옷을 선택한 후 사이니지(Signage) 앞에 서면 카메라 촬영
으로 체격을 인식하여 맞는 사이즈의 옷을 표시해주고 실제로
입었을 때의 이미지를 보여준다.

EC 사이트

인터넷에 자사의 상품이나 서비스를 판매하기 위해 개설한 독
자 운영의 웹사이트. 판매처는 명확한 반면, 상품을 직접 확인
할 수 없어 반품이 많다.

교육격차 해소 디바이스

부모에게 제공하는 디바이스로, 자식들에게 말을 거는 빈도
를 측정하여 자녀교육 방법을 조언하는 '프로비던스 토크
(Providence Talk)'가 가정 학습의 격차를 해소하는 대표적인 디
바이스다.

역진행 수업

수업 시간에 교사가 일방적으로 강의하는 것이 아니라, 아이패
드를 사용하여 아이들에게 가정 학습을 시키고, 미리 학습한 내
용으로 토론하며 탐구하는 형태의 수업을 말한다.

01 커튼에 붙이기만 해도
전기를 만드는 슬림형 필름 기술

얇고 가벼우며 잘 휘어져 자유롭게 가공할 수 있는 광발전 소재의 '필름형 태양전지' 개발에 성공함으로써 태양광 발전의 가능성이 크게 높아졌다.

현재 광범위하게 사용하고 있는 태양전지는 실리콘 결정체를 원료로 하므로 실리콘 자체의 무게도 있고, 내구성을 갖도록 강화 유리 패널에 탑재하기 때문에 무겁다. 또 설치 장소는 옥상이나 넓은 부지 등으로 제한된다. 하지만 차세대 태양전지는 가볍고 얇으며 휘어지는 필름형이다. 창문이나 커튼, 옷에 붙이면 자연광을 받아 손쉽게 전기를 일으킬 수 있어서 다양하게 응용될 것으로 기대한다.

자유롭게 가공할 수 있는 태양전지의 활용

예를 들면 창문이나 커튼에 붙여 충전하던 필름형 태양전지를 재해가 발생했을 때 떼어내 휴대하면 비상용 충전기가 된다. 또한, 창문에 방범용 경보기를 달면 별도 전원 없이 경보장치를 지속해서 사용할 수 있다. 옷에 부착한 그대로 세탁 가능한 부착형 태양전지도 개발하고 있어 휴대용 전자기기의 충전도 걱정할 필요가 없게 될 것이다.

옷에 달고 걷기만 해도 발전할 수 있다.

긴급 상황에서는 떼어내어 휴대용 전원으로 사용할 수 있다.

전원 확보가 훨씬 편해지겠네.

02 3D 프린터로 만든 주택에 사는 시대

'3D 프린터 주택'은 공사 기간을 단축하고 인력 부족을 해소하며 제로 에미션(zero emission)과 소음 문제 해소 등 많은 장점을 가지고 있다.

중국 건설회사 윈선(Winsun)은 2014년부터 주택을 3D 프린터로 인쇄, 생산하고 있다. 콘크리트나 유리섬유, 건축 폐자재를 혼합한 재생 콘크리트를 조립용 부자재로 만들어 현장에서 바로 조립하는 방식으로 이미 맨션과 사무실을 건설했다. 공사 기간을 대폭 단축했을 뿐만 아니라 폐자재가 거의 나오지 않고, 공사 소음 문제도 해소하는 등 장점이 많다.

 버튼 하나로 집이 만들어지는 시대

과거 건설 공사에는 많은 인건비와 공사 기간이 필요했다.

버튼 하나로 공사 기간 하루 만에 준공할 수 있다.

아랍에미리트 두바이에서는 2016년에 세계 최초로 3D 프린터 오피스가 완성되어 실제로 사람이 근무하고 있다. 이 나라에서는 건설업계의 인력난을 해소하기 위해 2030년까지 건축물의 25%를 3D 프린터로 건설할 계획이다. 또한, 개발도상국을 지원하는 비영리단체(NPO)도 3D 프린터 주택이 빈곤국의 주택 문제를 해소할 수 있을 것으로 기대하고 있다.

두바이, 3D 프린터 도시가 되다

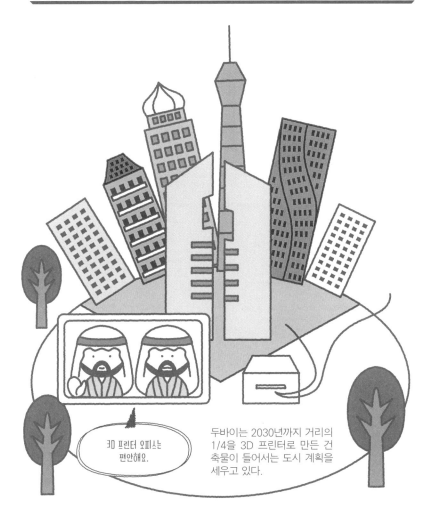

3D 프린터 오피스는 편안해요.

두바이는 2030년까지 거리의 1/4을 3D 프린터로 만든 건축물이 들어서는 도시 계획을 세우고 있다.

03 VR 교재로 우주나 과거로 날아간다

비용을 들이지 않고 전 세계 유적지를 답사하거나 우주를 체험하거나 직능 훈련을 받을 수 있는 VR(가상현실)이 교육업계에 급속도로 확산하고 있다.

VR은 게임업계만이 아니라 교육업계에서도 주목받고 있다. 미국 구글이 개발한 교육용 VR '구글 익스페디션(Google Expedition)'의 헤드 마운티드 디스플레이(HMD)를 들여다보면 피라미드 같은 중요 유적과 우주, 역사적 건물 등에 실제 간 듯한 몰입감을 느낄 수 있다. 교실에 있으면서 1,000곳 이상의 VR 여행과 100곳 이상의 AR(증강현실) 여행을 체험할 수 있다.

 교실에서 시공과 국경을 초월한 현장 학습

사원 연수나 실기 훈련에 VR을 도입하는 기업도 늘고 있다. 원격 학습이 가능하므로 시간이나 교통비를 절감할 수 있을뿐더러 실기 훈련에서는 비용을 절감하면서도 위험한 작업을 안전하게 훈련할 수 있고, 반복할 수 있다는 장점이 있다. 경비 서비스 회사인 세콤은 위험 상황에서의 유사 체험 훈련에, 미국의 켄터키 치킨은 조리 연수에 VR을 도입하고 있다.

 ## 사원 교육에 VR을 도입하는 기업이 늘고 있다

사원 교육에 VR을 도입함으로써
전국의 모든 지점과 점포에서
같은 수준의 연수 및 교육을
진행할 수 있다.

커널 할아버지가
직접 출연해서
보여줄 수도 있다.

치킨은
바짝 튀겨야 합니다.

04 실제 매장처럼 직접 입어보고 구매할 수 있는 AR 피팅

'AR 피팅(AR Fitting)'은 인터넷에서 옷을 구매할 때 실제로 입어볼 수 없다는 약점을 완전히 해결했다.

사이즈가 안 맞거나 실제 입어보니 어울리지 않는 등 온라인을 통한 의류 구매의 실패 요인을 완전히 제거한 것이 AR 피팅이다. 상품을 고른 뒤 사이니지(Signage) 앞에 서면 카메라 촬영으로 체격을 인식한 후, 화상을 통해 사이즈가 맞는 옷을 지정하고 실제 입었을 때의 이미지를 보여준다. 사람이 움직이면 옷도 따라 움직이기 때문에 실제로 입었을 때의 이미지를 상상할 수 있다.

사이즈가 맞는 옷을 선택해주는 피팅 머신

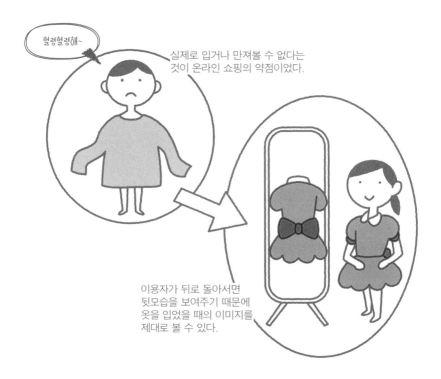

헐렁헐렁해~

실제로 입거나 만져볼 수 없다는 것이 온라인 쇼핑의 약점이었다.

이용자가 뒤로 돌아서면 뒷모습을 보여주기 때문에 옷을 입었을 때의 이미지를 제대로 볼 수 있다.

고객 관점에서 AR 피팅의 장점은 매장에 재고가 없는 상품도 입어볼 수 있고 혼잡할 경우 피팅 대기나 사이즈 품절, 입하 대기 등의 번거로움도 덜 수 있다는 점이다. 기업으로서는 재고관리를 점포마다 할 필요 없이 한꺼번에 하므로 재고관리 비용을 절감할 수 있고, 매장에서의 고객 접대 인건비도 줄일 수 있다는 장점이 있다. 또한, 입어보고 구매할 수 없는 온라인 쇼핑몰과 비교하여 반품 부담도 줄일 수 있다.

 ## 실제 매장에서의 불편을 해소한 AR 피팅

05 디지털 디바이스로 교육격차 해소를 위해 노력하다

미국에서는 가정 환경에 따라 유아기에 발생하는 교육격차를 디지털 디바이스로 해소하려는 다양한 서비스가 제공되고 있다.

중산층의 자식들이 생후 2년간 부모에게서 듣는 언어는 빈곤 가정과 비교해 수백만 단어 더 많다고 한다. 이런 교육격차를 해소하기 위해 미국 로드아일랜드주 프로비던스의 엔젤 타베라스 전 시장은 부모에게 디바이스를 제공하여 항상 몸에 지니도록 하고 매일 자녀들에게 얼마나 말을 거는지를 기록하게 했다. 이렇게 측정한 데이터를 기반으로 자녀교육 방법을 조언하는 '프로비던스 토크'라고 하는 유아 대상 시책을 도입하였다.

 ## 적절한 커뮤니케이션 방식을 조언한다

안녕, 우리 아가~

응애응애

자식에게 많이 말을 거는 엄마가 있는가 하면

삶에 지쳐 방치해버리는 엄마도 있다.

마음을 편하게 가지세요.

커뮤니케이션이 부족한 가정에 전문가가 자녀교육 방법을 조언하여 교육격차를 해소하는 데 일조하고 있다.

교육의 기회균등과 효율화를 도와주는 것이 테크놀로지다. 미국에서는 개별 아동의 성적 데이터를 수집하여 수준에 맞게 교육할 내용을 자동 수정하는 개인 맞춤형 학습 머신이 개발되고 있다. 또한, 교사가 강의하는 것이 아니라 아이패드를 사용하여 자녀들이 가정에서 학습하도록 하고, 수업은 스스로 학습한 내용을 토론하는 시간으로 바꾸는 '역진행 수업'을 실시하는 학교가 늘고 있다.

IT 기술로 교실은 강의 대신 토론의 장으로 바뀌고 있다

아이패드로 학습한 내용을 교실에서 토의하여
이해를 심화시키는 '역진행 수업' 덕분에
가정 환경에 의한 교육격차가 줄어든다.

주목할 만한 스타트업 기업

테크놀로지가 우리의 일상생활을 더욱 편리하고 쾌적하게 바꾸고 있다.
AI 스타일리스트가 선정한 옷을 입고,
집에서 소파에 앉아 VR로 학습하는 삶은 이미 실현되었다.
일상생활과 밀접한 기술을 개발한 스타트업 기업을 소개한다.

윈선 Winsun

중국

3D 프린터 주택의 파이오니어 기업

건축재의 신소재를 개발한 3D 프린터 주택의 개척자. 세계 최초로 3D 프
린터 단독주택과 아파트를 건설하여 판매하고 있으며 중국 내 90개 이상
의 특허를 취득했다. 2017년에는 사우디아라비아에 3D 프린터 100대를
임대하여 화제가 되었다. 인력 부족이 심각한 해외 건설 현장에 프린터를
대량 임대하는 등 해외 진출의 기회를 찾아내 향후 인쇄 거점을 세계 20
개국으로 확대할 계획이다.

스티치 픽스 Stitch Fix
미국

고객에 맞는 옷을 AI 스타일리스트가 선정해주는 구독 서비스

패션 코디를 구독 방식(이용 기간에 따라 이용료를 내는 방식)으로 제공하는 서비스를 제공한다. 매월 AI 스타일리스트가 고객에게 맞춤형으로 코디한 의류를 집으로 배달한다. 이용자는 마음에 들지 않으면 의류를 반품하는 구조다. 장기간 서비스를 이용하면 할수록 데이터가 축적되어 체형이나 기호에 맞는 의류를 제공받을 수 있다.

디스커버 랩스 Discover Labs
캐나다

VR로 기술 훈련이나 역사 탐구 등 체험형 학습을 제공

VR를 활용한 체험형 학습 서비스를 제공하고 있는 스타트업. 의료 시뮬레이션에 따라 수술 훈련을 반복하거나 비상사태에 대비한 훈련, 로마 제국이나 투탕카멘왕의 무덤처럼 전 세계 유적과 우주 공간을 시간을 거슬러 조사, 탐구하는 등 몰입감을 느끼며 체험 학습을 할 수 있다. 교사는 VR 내에서 학생들의 행동을 모니터로 상시 확인한다. 교재는 전문가와 제휴하여 제공되는 공간에 따라 치밀하게 편집되어 있다.

집 전체가 모두 AI 가전으로 채워질 시대가 오고 있다

최근 가정에서도 스마트 스피커 등 다양하게 AI를 이용하고 있다. 가사 부담을 덜어주는 자동 식기세척기나 청소 로봇은 이미 일반화되었는데, AI를 탑재한 정리 로봇까지 가정에 보급될 날이 머지않았다. 청소 로봇은 방에 물건이 여기저기 흩어져 있으면 그 기능을 충분히 발휘하지 못해 지금까지는 사람이 직접 정리해야 했다.

인공지능 벤처기업 프리퍼드 네트웍스(Preferred Networks)는 도요타자동차 생활 지원 로봇에 심층학습 테크놀로지를 결합하여 전자동 정리 로봇을 개발하고 있다. 이 로봇은 흩어져 있는 의류, 장난감, 플라스틱 용기 등 다양한 형태와 소재의 물건을 인식하고 집어서 정해진 장소에 수납까지 한다. 여기에는 물체를 검출해서 인식하고, 동선을 확보하여 이동하고, 순서를 정하는 능력, 물체를 깨뜨리지 않고 정해진 장소로 이동시키는 능력, 그리고 이것들을 결합하는 능력도 필요하다. 집 전체를 IoT 가구와 AI 가전으로 채운 스마트홈도 가까운 미래에 출현할 것으로 보인다.

CHAPTER 5

전쟁과 테크놀로지

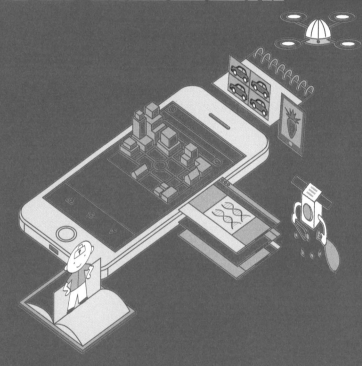

스트레스도 모르고 지치지도 않는 AI가

인간을 대신하여 전쟁을 치르는 시대가 오고 있다.

어떤 최신 병기들이 등장할까?

키워드 미리 보기

테크놀로지는 우리의 생활을 풍요롭게 하지만, 안타깝게도 군사적 목적으로도 이용되고 있다. 군사 기술에 관한 키워드를 살펴보자.

✓ *KEY WORD*

사정거리

저격용 총의 사정거리. 매년 저격용 총과 조준기의 성능이 향상되어 사정거리는 늘어나고 있다. 2017년 3.5km 저격에 성공하여 세계기록을 세웠다.

✓ *KEY WORD*

유도 탄환

발사 후 장애물을 피하며 표적을 추적하는 탄환. 바람 등 외부 영향에 의한 탄도의 오차를 수정하며 도망 다니는 목표물도 추적하여 잡는다.

✓ *KEY WORD*

무인 전투 드론

자율행동 능력을 갖춘 드론. 곤충형 스파이 모델, 낙엽이나 목재를 연료로 하여 몇 달을 지속해서 작동하는 동물형 공격용 모델도 등장하고 있다.

✓ *KEY WORD*

전단농화유체 Shear-Thickening Fluid

피격 시 순간 점성이 증가해 탄환의 힘을 분산시키는 특수 재료. 현재 방탄복으로 사용되고 있는 케블라(아라미드 섬유 브랜드)와 세라믹 판에 비해 가볍고 유연성이 뛰어난 것이 장점이다.

극초음속 미사일

비행 속도 마하 27로 날아가는 극초음속 미사일. 움직임이 예측 불가하고 적의 미사일 방어 시스템을 뚫고 나간다.

무인 잠수함

정찰에서 기뢰 배치 파악, 적선 폭격까지 광범위한 임무를 AI가 수행하는 무인 잠수함. 사람이 없기 때문에 특공 출격도 가능하다.

군사용 AR 헤드업 디스플레이

작전이나 지시, 피아의 위치정보 등을 고글을 통해 병사의 망막에 투사하는 시스템. 작전 정보를 핸즈프리로 인식하고, 전술 통신으로 정보를 통합하여 동료 간 공유할 수 있는 최신 기술이다.

킬러위성

공격 대상이 되는 타국 위성을 공격하여 기능을 마비시키거나 전파방해 장치로 타국의 위성과 지상과의 통신을 방해하는 공격 무기를 말한다.

01 최신 저격용 총의 사정거리는 3.5㎞

저격용 총과 조준기의 성능은 날로 진화하고 있다. '사정거리'가 비약적으로 늘어나 목표물을 확실하게 잡아낼 것이다.

2017년에 캐나다 특수부대 저격병이 세계기록인 3,540m 떨어진 장소에서 과격 파조직 이슬람국(ISIS)의 전투원을 저격했다. 그때까지 세계기록은 2009년에 영국 병사가 반정부 무장세력 탈레반의 조직원 2명을 살해할 당시의 2,474m였다. 저격용 총과 조준기의 성능은 빠르게 진화하여 사정거리는 20년 전과 비교해 약 3배로 늘어났다.

저격용 총의 사정거리 세계기록은 20년 만에 3배로

현재

3,540m

보일 것 같지 않은데…

20년 전 사정거리 세계기록은 1,200m 정도였다. 사정거리가 늘어나면 그만큼 적의 반격을 받을 위험이 준다.

20년 전

캐나다 저격병이 사용한 것은 맥밀란사의 볼트액션식 소총 'TAC-50'이다. 고지에서 목표물을 정해 10초 이내 명중시켰다. 볼트액션식 저격용 총은 전장에서 결함이 생겨도 그 자리에서 재조립할 수 있을 정도로 단순하게 제조되어 있다. 또한, 부품 수가 적기 때문에 떨림이 작아 자동보다 사격의 정확도도 높다.

부품 수가 적어 현장의 병사도 쉽게 다룰 수 있다

볼트액션식 소총은 부품 수가 적어 소총의 상태가 안 좋을 때 병사가 그 자리에서 재조립할 정도로 단순하게 제조되었다.

재조립해도 시간이 많이 안 걸려.

볼트액션은 한 발씩 장전하는 총. 사격의 정확도는 자동보다 높지만, 첫발이 빗나가면 상대방이 도망갈 가능성이 있다. 자동은 탄약이 자동으로 장전되기 때문에 연속 사격이 빠르고, 연속하여 표적을 조준할 수 있지만, 기관부에 노리쇠가 있어 사격의 정확도는 볼트액션보다 떨어진다.

02 발사 후 궤도를 수정하며 확실하게 적을 잡아낸다

목표물을 설정하면 바람이 불어도 방해물이 있어도 흔들림 없이 표적을 추적하는 탄환이 등장했다.

미국 국방성이 개발한 '이그젝토(EXACTO)'는 탄환 자체에 로켓과 제어장치가 탑재되어 발사 후에 장애물 등을 피하면서 표적을 추적하는 '유도 탄환'이다. 이는 펜크기로, 탄도를 추적하여 표적까지 이동하는 실시간 유도 시스템이 있어 가능하다. 바람 등 외부 영향에 의한 탄도의 오차를 수정하며 도망 다니는 목표물을 추적하여 잡는, 바로 '피할 수 없는' 탄환이다.

전장의 환경이나 날씨에 좌우되지 않는 고성능 탄환

이 유도 탄환이 전투 방식을 완전히 바꾸었다. 날씨 등의 영향에 의한 탄도의 오차를 자동으로 수정하고, 방해물을 피하려고 탄도를 구불구불 휘면서 움직이는 목표물을 추적하기 때문에 전문 저격수가 아니어도 명중률은 매우 높다. 먼 거리에서도 정확도가 높은 저격이 가능해 적이 굳이 사정거리 내에 있을 필요가 없다. 또한, 안전거리를 확보할 수 있어 반격에 의한 아군의 인적 피해도 줄일 수 있다.

03 전자전 임무를 수행하는 무인 전투기

항상 인력 부족 상태인 전투 드론 조종사와 전자전 기기를 다루는 전문 사관의 역할을 '무인 드론'이 담당하게 된다.

미 공군과 크라토스(Kratos)가 개발한 무인 전투 드론 'XQ-58A 발키리'가 2019년 첫 비행에 성공했다. 조달이나 운항이 저비용임에도 불구하고 공중전의 양상이 일거에 뒤바뀔 가능성이 있다. 지금까지 무인기의 용도는 정찰이나 폭탄과 미사일의 제한적인 지상 공격에 그쳤지만, 이 드론은 적의 레이더와 통신을 교란하는 전자전 성능도 갖추고 있기 때문이다.

전자전 전문 사관의 역할을 무인 전투기가 수행한다

부우잉!

와! 무인기로 통신을 차단하네!

one point

전자전이란 적의 레이더나 통신기기, 전자기기, 지대공 미사일(지상이나 해상의 기지로부터 발사하여 공중을 비행 중인 항공기 및 미사일을 격추하는 미사일) 시스템을 방해하고 공격하여 전투력을 약화하는 것이다. 지금까지는 전자전 기기를 다루는 전문 사관이 필수였지만, 이제 무인기로 대체할 수 있게 되었다.

향후 전투용 드론은 점차 무인화될 것이다. 적지에 직접 가지 않고 데스크 워크로 적을 살해하는 비정상적인 환경에 처한 조종사는 정신적 고통이 커 항상 인력 부족에 시달리고 있기 때문이다. 2050년경에는 곤충처럼 날아다니는 스파이 모델, 개처럼 생겨 낙엽이나 목재를 연료로 하여 몇 달을 지속해서 작동하는 공격용 모델이 인간 조종사를 대체할 것이다.

 ## 인간을 대신하여 드론이 전장을 나간다

평화의 상징인 비둘기형 드론이 전장을 날아다닐 날이 머지않았다.

초목이나 쓰레기를 연료로 하여 지속해서 작동하는 동물형 드론이 인간을 대신하여 적을 공격한다.

아, 이 일 정말 힘들어….

안전지대에서 적을 폭격하는 것은 정신적으로 매우 고통스러운 업무다.

04 탄환이 관통하지 않는 방탄복의 개발

총탄을 맞아도 탄환의 힘을 분산시키는 특수 소재를 사용한 조끼를 착용하고 있으면 상처를 입지 않을 수 있다.

폴란드의 연구기관 모라텍스(Moratex)는 탄환이 들어오면 그것을 막기 위해 순간 점성이 증가해 단단해지는 '전단농화유체(STF, Shear Thickening Fluid)'의 개발에 성공했다. 오늘날 방탄복에 사용하고 있는 케블라(아라미드 섬유 브랜드)나 세라믹 판에 비해 가볍고 유연성이 뛰어난 것이 장점이다. 이 액체를 조끼 안에 넣어두면 초속 450m로 날아오는 탄환을 막아내고, 탄환이 튕겨 나가면서 발생하는 위험도 피할 수 있다.

🚁 총에 맞아 사망할 가능성이 줄어든다

아, 이거 뭐야~

방탄조끼를 착용하지 않으면 총탄에 쓰러질 가능성이 크다.

탄환으로 받은 에너지를 분산시키는 특수 소재의 방탄조끼는 탄환이 튕겨 나가 근처 사람에게 파편으로 상처를 입힐 위험성도 줄여준다.

미국의 브리검영대학(Brigham Young University)은 경량의 고성능 '종이접기형 방패'를 개발하는 데 성공했다. 일본의 전통 종이접기인 요시무라 접기를 채용하여 콤팩트하게 접을 수 있는데 44 매그넘 탄을 막을 수 있는 고성능이다. 지금까지의 방패는 무게가 45kg 정도로 휴대하기가 힘들었는데, 이것은 종기접기형 방패이기 때문에 가볍고, 5초 내 펼칠 수 있으며 여러 사람이 방탄할 수 있다. SWAT팀과 경찰의 실험에서도 멋지게 그 내구성을 증명하였다.

중세식 방패에서 종기접기형 방패까지

방패는 한 사람만 숨을 수 있어서 전투원 수만큼 필요하다.

무게 때문에 들고 다니기조차 힘들다….

종이접기형 방패는 1개로 여러 사람이 방탄할 수 있는 뛰어난 장비다.

작게 접을 수 있어서 갖고 다니기 편리하고 5초 만에 펼칠 수도 있어요.

05 마하 27로 비행하며 요격할 수 없는 러시아의 유도 미사일

요격할 수 없는 '극초음속 미사일'과 적을 사살하지 않고 전투 불능상태에 빠뜨리는 '환각 무기'의 개발에 성공한 러시아.

러시아는 2018년 말에 비행 속도 마하 27로 비행하는 극초음속 미사일 '아방가르드(시속 약 33,000km)' 발사에 성공했다고 발표했다. 움직임이 예측 불가능하고, 적의 미사일 방어 시스템을 뚫고 비행하기 때문에 모든 방공과 미사일 방어 시스템을 무력화시킨다. 2019년 중에 실전 배치할 계획이다(2019년 6월 기준).

음속보다 27배 빠른 미사일이 실전 배치된다

아방가르드에는 통상의 탄두 외 핵탄두의 탑재도 가능하다.

또한, 2019년에 러시아는 적에게 환각을 일으켜 시각을 빼앗아 사살하지 않고 전투 불능상태에 빠뜨리는 환각 무기 '필린(Filin)'을 공개했다. 플래시 같은 빛을 쏘아 시신경을 자극하여 일시적으로 눈멀게 할 뿐만 아니라 환각과 구역질 등 부작용을 일으켜 적의 조준 능력과 반격 능력을 빼앗는 것이다. 반경 5km 이내 최신 미사일 유도 시스템도 무력화한다.

적을 사살하지 않고 전투 불능상태로 만드는 환각 무기

06 AI가 조작하는 무인 잠수함

수개월에 걸쳐 잠수함 안에서 정찰과 폭파 등 스트레스 많은 다양한 임무를 수행해야 하는 잠수함 지휘관에는 AI가 적임이다.

정찰에서부터 기뢰 배치 파악, 적선 폭파까지 광범위한 임무를 AI가 수행하는 '무인 잠수함'이 중국에서 개발되고 있다. 원자력 잠수함의 지휘관은 수개월에 걸쳐 심해에 잠수한 채 좁은 공간에서 생활하지 않으면 안 되므로 심각한 스트레스를 받고 있다. 이러한 가혹한 환경 아래서도 항상 올바른 판단을 해야 하는 임무는 감정이 없는 AI가 적임일 수 있다.

중대하면서도 스트레스가 많은 역할을 AI에 맡긴다

미국의 스타트업 기업 '휴스턴 메카트로닉스(Houston Mechatronics)'가 개발한 수중 드론 '아쿠아노트(Aquanaut)'는 자율주행형 잠수정에서 원격 작업기로 모양을 바꾸는 트랜스포머형 수중 드론이다. 해저 파이프라인 정비와 개보수 작업을 기존 기술보다 저비용으로 수행할 수 있다. 수중 이동 시에는 잠수함 모드로 이동하고, 작업 시에는 인간형 로봇으로 빠르게 변형하여 심해에서 작업한다.

트랜스포머형 수중 작업 드론

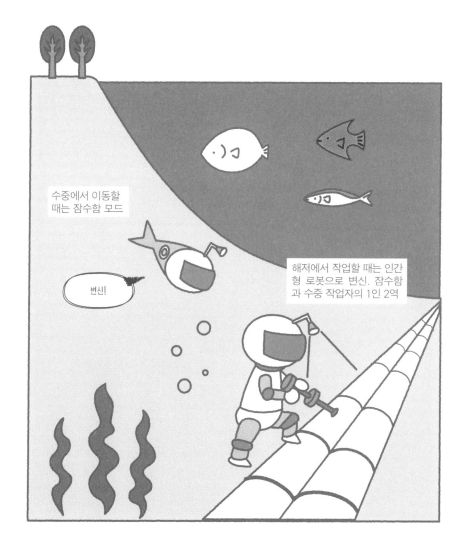

07 망막 투사기술로 작전과 상황을 즉각 판단한다

적군의 위치와 작전, 지시를 망막에 투사하여 한순간도 눈을 떼지 않고 공격에 필요한 정보를 입수할 수 있는 군사용 디바이스가 등장했다.

미 육군의 연구기관이 개발한 AR 헤드업 디스플레이 'Tactical Augmented Reality'는 작전과 지시를 고글을 통해 병사들의 망막에 투사하는 시스템이다. 잠입하는 건물의 도면을 표시하고, 자신의 현 위치와 적군의 식별, 동료와 적의 위치 등을 핸즈프리로 인식할 수 있으며, 작전 수행에 필요한 모든 정보를 전술 통신으로 통합하여 동료 간 공유할 수 있게 한 최신 기술이다.

눈으로 볼 수 없는 적의 상태를 파악할 수 있다

벽으로 차단되어 눈으로는 볼 수 없지만, 세 명의 적이 가까이에 있다는 것을 디바이스로 확인할 수 있다.

2018년 마이크로소프트는 자사가 개발한 MR(복합현실) 디바이스 '홀로렌즈 (HoloLens)'를 군사용으로 특화한 AR(증강현실) 디바이스 10만대 이상을 4억 8000만 달러(약 5760억 원)로 공급하는 계약을 미 육군과 체결했다. '홀로렌즈2'를 기반으로 한 군사용 헤드셋은 동료의 위치가 지도 위에 실시간으로 표시되고, 어두운 장소 나 시야가 나쁜 전장에서도 열 감지 카메라로 적을 찾을 수 있다.

볼 수 없는 적을 가시화할 수 있는 열 감지 카메라

동굴 속이나 시야가 차단된 장소에서도 적의 은신처를 파악할 수 있다.

그래, 적은 두 명인가? 가까이에 있는 아군에게 지원을 요청해야겠군.

08 공격 기능을 갖춘 인공위성의 개발

우주 개발의 패권 경쟁이 가속화되면서 육해공만을 방위하던 시대는 끝나고, 우주 영역 방위의 중요성이 점차 커지고 있다.

러시아와 중국은 우주 공간에서 타국의 위성을 공격하기 위한 '킬러위성' 개발에 박차를 가하고 있다. 타국 위성만 타깃으로 하여 로봇 팔로 포획하여 기능을 마비시키거나 공격 대상 위성이 지상국과 통신하는 것을 방해하는 등의 기능을 탑재할 것으로 보인다. 최근 들어 우주 공간의 안정적인 이용에 대한 위협이 커지며 킬러위성은 각국 안전보장상의 중요한 과제가 되고 있다.

우주의 깡패 같은 존재, 킬러위성

킬러위성은 타국의 위성 기능을 폭력적으로 마비시키는 말썽꾸러기 공격 무기다.

이놈!

아, 통신망이 끊겼어.

최근 우주의 치안이 어지럽군.

일본 방위성이 2023년부터 운영할 우주 감시 레이더의 대상은 우주 쓰레기(우주 파편)만이 아니다. 항공자위대에서 우주 공간의 상황을 실시간으로 감시하는 우주 영역 전문부대를 신설하여 감시 대상으로 삼는 것은 '킬러위성'이다. 일본 정부는 다양한 위협에 대비하여 육해공에 더하여 우주, 사이버 공간, 전자파 영역에서의 방위 능력을 강화하는 '크로스 도메인 방위구상'을 제출하였다.

🛸 킬러위성에 대응하는 우주의 '경찰' 역할을 강화한다

레이더는 야마구치현 산요오노다시의
해상자위대 산요 수신소에 설치된다.

최신 테크놀로지를 군사용으로 이용하고 있는 기업

전장에서도 AI는 존재감이 커지고 있다.
부대의 작전 공유를 지원하거나 공격을 대신하는 등 그 역할은 다양하다.
전투 상황에 놓인 인간은 심신이 모두 피폐해지지만,
AI는 피로도 모를뿐더러 고민도 없다.

크라토스 디펜스 앤드 시큐리티 솔루션스
Kratos Defense and Security Solutions

미국

무인 전투 드론 '발키리'를 개발

미국의 군방 솔루션 회사로 연방정부, 주 정부, 지방자치단체 등에 군사 제품과 솔루션을 제공하고 있다. 군사용 장갑차 보수훈련 시스템, 군사용 레이저 시스템, 정찰 시스템, IT 기술 등을 개발하고 있다. 2019년 유인기를 호위하는 무인 스텔스 공격기 'XQ-58A'의 시험 비행에 성공했다. 본사는 캘리포니아주 샌디에이고에 있다.

휴스턴 메카트로닉스 Houston Mechatronics
미국

트랜스포머형 수중 드론을 개발

전 NASA의 로봇공학자 팀이 2014년에 텍사스에 거점을 두고 만든 하이테크 스타트업 기업이다. 비밀 고객을 대상으로 고도의 해저 로봇 기술을 개발한다. 국방성과 석유 산업의 자금을 받아 자율주행형 잠수정에서 원격 작업기로 모양을 바꾸는 트랜스포머형 수중 드론 '아쿠아노트'를 개발했다.

마이크로소프트 Microsoft
미국

미 육군에 군사용 디바이스를 공급

2015년에 마이크로소프트사가 발표한 '홀로렌즈' 업데이트 버전에 실제 현실에 가상 3D 오브젝트를 겹쳐 복합현실(Mixed Reality)을 실현해 군사용으로 특화한 디바이스 10만대 이상을 4억 8000만 달러(약 5760억 원)로 공급하는 계약을 미 육군과 체결했다. 작전 정보는 실시간으로 표시되고, 숨어있는 적을 열 감지 카메라로 찾아낸다. 제품의 군사용 전환에 일부 직원이 크게 반발하기도 했다.

인간을 대신하여
무인 드론이 전쟁하다

전투용 드론 조종사의 인력 부족은 심각하다. 미 공군 시설에 출근하여 적을 사살하고 업무가 끝나면 가정으로 돌아가는, 전장과 일상이 매일 반복되는 생활이 주는 정신적 고통은 상당하다고 한다.

또한, 조종사란 직함은 이름뿐이고, 하늘을 나는 것도 아니고 드론을 조종할 뿐인 일상에 싫증을 느끼는 사람도 있을 것이다. 이로 인해 파격적인 보너스를 주어도 퇴직자가 잇따라 인력 부족이 일상화되고 있다.

이러한 상황을 타개하기 위해 최근에는 전쟁터로 날아가 표적을 확인하여 사살하고 돌아오는 자율행동 능력과 전투 능력을 갖춘 무인 드론이 활약하고 있다. 그러나 전투 드론의 오폭사건이 끊이지 않는다. 2013년 예멘에서는 결혼식 차량 행렬을 오폭하여 13명의 민간인 희생을 낳았다. 2015년에는 파키스탄에 구류 중이던 미국인과 이탈리아인을 오폭하여 살해하였다. 오폭을 막을 수 있는 기술은 개발할 수 없는 것일까?

CHAPTER 6

푸드테크

푸드테크로 미래의 밥상은 어떻게 변할까?

농업과 양식에서의 최신 테크놀로지를 살펴보자.

키워드 미리 보기

세계 인구가 증가하면서 인류는 식량 위기에 직면하게 될 것이다. 이에 대처하기 위해 식량의 안정적인 공급을 목표로 여러 가지 노력이 진행되고 있다. 푸드테크에 관한 키워드를 살펴보자.

✓ *KEY WORD*
농업용 드론

농약 살포, 작물 관리, 야생동물 피해 대책 등에 이용되는 드론. 살포 시간, 살포량 등도 인간보다 정확하고, 인력 부족난에 처한 농업에 효율화를 가져올 것으로 기대하고 있다.

✓ *KEY WORD*
농업용 앱

밭의 실시간 상황을 확인하여 관리할 수 있도록 농업 경영을 지원하는 앱. 논의 수위와 수온을 실시간으로 확인할 수 있는 시스템이 개발되어 여러 차례 논밭을 나가봐야 할 부담을 덜어주는 역할도 한다.

✓ *KEY WORD*
유전자 조작 미생물

미국에서는 화학비료의 대체품으로 유전자를 조작한 미생물을 시판하고 있다. 화학비료에 드는 비용을 절감하고 수질 오염을 억제하는 장점이 있다.

✓ *KEY WORD*
유전자 변형 농작물

유전자 변형으로 생산한 농작물. 안전성에 논란이 있지만, 노동력 절감과 증산을 기대할 수 있으며, 병충해에 강한 품종이나 영양가가 높은 품종으로의 개량도 가능하다.

광합성의 개량

벼나 밀 등 C3식물에 옥수수로 대표되는 광합성 효율이 높은 C4식물의 광합성 능력을 부여하는 연구가 진행되고 있다.

육상 양식

인구 증가, 수산물 수요의 증가에 따라 안정적인 공급 확보를 위해 육상 양식이 주목받고 있다. 해양 오염의 우려도 없고, 물류비용도 줄일 수 있어 큰 관심을 끌고 있다.

인조육

소나 닭, 물고기에서 채취한 아주 작은 세포를 배양하거나 동물의 조직을 배양한 고기. 아직 시판까지는 이루어지지 못했다.

분자 미식

과학적 관점으로 식재료가 변화하는 구조를 분석하여 요리 과정에서 조리 기술과 미식상의 현상을 사회적, 예술적, 기교적 요소로 설명하는 것을 말한다.

01 농업의 기계화와 작물을 관리하는 드론

공중 촬영에 사용되는 소형 무인기(드론)가 농업의 자동화를 촉진할 것이다.
18세기 중반 영국에서 파종기와 윤작 시스템이 등장하고 농작물의 품종이 개량되면서 농업혁명이 시작되어 생산성이 크게 향상되었다. 그 이후 오늘날까지 다양한 최신 기술이 농업 발전을 촉진해왔다. 일본 농가에서는 공중 촬영에 사용되는 드론을 농업에 도입하여 사용하고 있다. 주로 농약 살포, 작물 관리, 야생동물 피해 대책 등에 활용된다.

💡 저비용으로 농약 살포를 할 수 있다

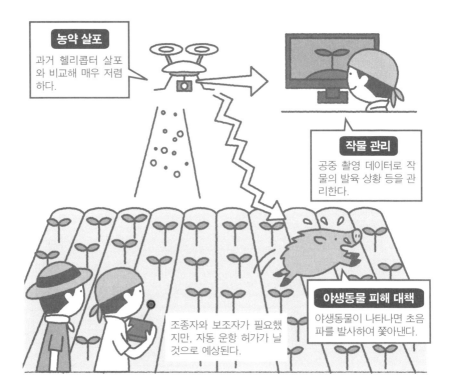

농약 살포
과거 헬리콥터 살포와 비교해 매우 저렴하다.

작물 관리
공중 촬영 데이터로 작물의 발육 상황 등을 관리한다.

야생동물 피해 대책
야생동물이 나타나면 초음파를 발사하여 쫓아낸다.

조종자와 보조자가 필요했지만, 자동 운항 허가가 날 것으로 예상된다.

가까운 미래에 기술이 더 발전하면 드론의 활용은 더욱 커질 것이다. 일본에서는 2019년 농약 살포 시 드론의 자동 운항이 허용될 것으로 예상되어 농업의 자동화는 더욱 촉진될 것이다(2019년 6월 기준). 드론이 수집한 상공에서의 정보를 통해 지상에서 로봇이 스스로 판단하여 잡초를 제거하는 등 보다 치밀하고 면밀한 작업이 자동으로 이루어질 것으로 예상된다.

미래에는 더 많은 자동화가 실현될까?

지상의 로봇이 드론의 정보로
잡초를 제거한다.

거기 잡초를 뽑으세요.

여기에 농약을 더 많이
살포하세요.

농업 초보자도 데
이터를 활용하여
생산성을 높인다.

발육 상태에 따라 물과 농약의
적절한 양을 자동으로 살포한다.

02 수확기를 예측하여 스마트폰으로 통지하는 AI

일상생활의 여러 방면에서 활용되고 있는 스마트폰 앱이 미래의 농업을 극적으로 바꾸고 있다.

우리 생활에 뿌리내리고 있는 스마트폰이 일본의 농업 현장에서도 활용되고 있다. 작업 내용을 기록하여 여러 밭의 실시간 상황을 파악할 수 있는 농업 경영 지원 앱 '아글리온(Aglion)'이 활용되고 있으며, 스마트폰으로 논의 수위와 수온을 실시간으로 확인할 수 있는 시스템 '패디워치(Paddywatch)'도 개발되어 여러 차례 논밭을 나가봐야 할 부담을 덜어주고 있다.

💡 논을 언제 어디서든 확인할 수 있다

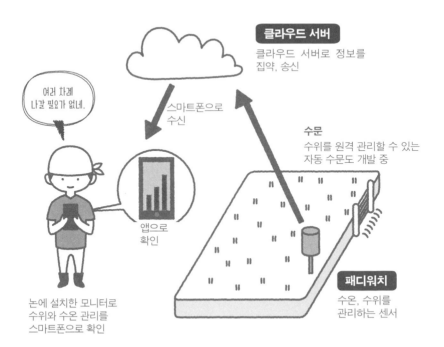

클라우드 서버
클라우드 서버로 정보를 집약, 송신

여러 차례 나갈 필요가 없네.

스마트폰으로 수신

수문
수위를 원격 관리할 수 있는 자동 수문도 개발 중

앱으로 확인

논에 설치한 모니터로 수위와 수온 관리를 스마트폰으로 확인

패디워치
수온, 수위를 관리하는 센서

현재 전 세계적으로 인공위성이 수집한 데이터를 농업에 활용하고 있다. 우주에서 관측하기 때문에 넓은 농지도 한 번에 관측할 수 있다. 관측 데이터가 축적되면 보다 효율적인 육성 계획도 세울 수 있다. 미래의 농업에서는 위성 데이터를 이용하여 스마트폰 앱으로 수확의 최적 시기를 판단하여 화면을 터치만 하면 농기계가 자동으로 운전하여 작물을 수확하게 될 것이다.

🥕 위성 데이터로 수확의 최적 시기를 판단한다

03 토지를 비옥하게 하는 유전자 조작 미생물

이전에도 농업에서 미생물을 이용해왔지만, 유전자를 조작한 미생물을 농업에 이용하기 시작했다.

맨눈으로 판별할 수 없는 세균, 바이러스, 원생동물 등을 총칭하여 '미생물'이라고 부른다. 미생물은 식물 사슬에서 동물과 식물의 사체 등을 분해하여 식물에 양분을 제공하는 역할을 한다. 이런 기능 때문에 미생물을 폐수 처리 시스템이나 바이오 비료에 이용하고 있다. '유전자 조작 미생물'은 안전성에 대해 논란이 있지만, 2018년부터 미국에서 농업용으로 시판하고 있다.

식물 사슬에서 식물에 양분을 제공하는 미생물

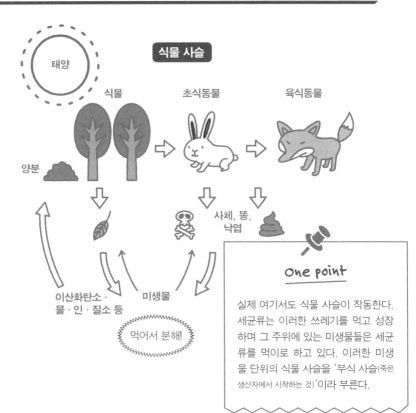

One point

실제 여기서도 식물 사슬이 작동한다. 세균류는 이러한 쓰레기를 먹고 성장하며 그 주위에 있는 미생물들은 세균류를 먹이로 하고 있다. 이러한 미생물 단위의 식물 사슬을 '부식 사슬(죽은 생산자에서 시작하는 것)'이라 부른다.

캘리포니아주 바이오테크놀로지 기업인 피벗바이오(Pivot Bio)가 개발한 미생물은 화학비료의 대체물로 화제가 되고 있다. 이 미생물은 '화학비료의 사용을 절감하여 농가의 부담을 줄일 수 있다', '화학비료를 생산하는 데 발생하는 가스를 줄여 지구온난화를 억제할 수 있다', '화학비료가 수질을 오염시키는 것을 방지할 수 있다' 등의 장점이 있다.

환경에도 좋은 유전자 조작 미생물

식물이 이용할 수 있도록 공기 중 질소를 변환시키는 미생물 '프로바이오틱스'를 종자에 뿌린다.

프로바이오틱스가 식물의 뿌리에 털과 같은 군체를 형성한다. 공기 중의 질소를 식물이 이용할 수 있도록 형태를 변환한다.

프로바이오틱스는 작물이 햇빛을 받아 당분을 생산하는 것을 촉진하기 때문에 질소비료를 살포하지 않고도 안정적인 수확을 기대할 수 있다.

온실효과 가스의 주요 배출원인 화학비료 생산을 억제하고 지구온난화를 방지한다.

옥수수 농지 약 4,000㎡당 11kg의 질소가 사용된다!

화학비료를 대신하여 미생물을 사용해봐요.

화학비료가 하천으로 흘러 들어갈 때 발생하는 수질 오염을 방지한다.

미국의 모든 옥수수 농가가 이 미생물을 사용하면 자동차 100만 대를 줄이는 것과 같은 온난화 억제 효과가 있을 것으로 예상한다.

One point

유전자 조작 미생물을 개발한 피봇바이오는 빌 게이츠가 온실효과 가스 절감을 목표로 설립한 펀드로부터 7000만 달러(약 840억 원)를 투자받았다.

04 유전자 조작으로 영양가 높은 농작물을 생산한다

유전자 변형 농작물은 비록 많은 논란의 대상이 되고 있지만, 영양가 높은 농작물 생산이 가능하다면 나름의 장점이 있다.

현재 전 세계에서 개발된 유전자 변형 농작물의 재배 면적은 옥수수, 대두, 면, 유채종을 중심으로 증가하는 경향이 있다. 국가 간 무역 거래량도 증가하고 일본도 사료용이나 가공용으로 대량 수입하고 있다. 유전자 변형 농작물은 안전성에 논란이 있지만, '식량을 증산할 수 있다', '작물이 병충해에 강하다', '농업을 효율화할 수 있다' 등의 장점이 있다.

🌱 새로운 성질의 작물을 생산할 수 있는 유전자 변형

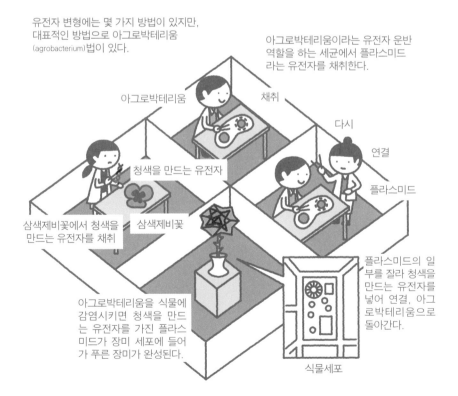

유전자 변형에는 몇 가지 방법이 있지만, 대표적인 방법으로 아그로박테리움 (agrobacterium)법이 있다.

아그로박테리움이라는 유전자 운반 역할을 하는 세균에서 플라스미드 라는 유전자를 채취한다.

아그로박테리움

채취

다시

연결

청색을 만드는 유전자

플라스미드

삼색제비꽃에서 청색을 만드는 유전자를 채취

삼색제비꽃

플라스미드의 일부를 잘라 청색을 만드는 유전자를 넣어 연결, 아그로박테리움으로 돌아간다.

아그로박테리움을 식물에 감염시키면 청색을 만드는 유전자를 가진 플라스미드가 장미 세포에 들어가 푸른 장미가 완성된다.

식물세포

지금까지 소개한 유전자 변형 농작물의 장점은 주로 생산 측면에서 본 것이지만, 소비 측면에서도 장점이 있다. 일반보다 영양가가 높은 작물을 생산할 수 있기 때문이다. 비타민A가 부족하여 실명한 어린이들이 빈곤 국가에 많이 있는데, 비타민 A 생성 물질인 베타카로틴을 다량 함유한 '골든라이스'는 유전자 변형으로 생산되어 현재 실용화 단계의 연구가 진행되고 있다.

유전자 변형 농작물의 장점

● 생산량의 증가

유전자 변형 농작물로 단위 면적당 수확량을 높일 수 있으므로 식량 증산이 가능하다.

● 영양가 높은 작물 생산

빈곤 지역에 문제가 되는 비타민A 결핍에 효과가 있는 '골든라이스' 등 영양가 높은 품종을 생산할 수 있다.

병충해대책

제초작업

One point

골든라이스는 비타민A 부족을 해소할 수 있다고 알려진 반면, 유전자 변형의 문제만이 아니라 근본적인 빈곤 문제를 해결하지 못한다는 관점에서 비판받고 있다.

● 농업의 효율화

제초제에 강한 품종을 생산할 수 있어서 손이 많이 가는 잡초 처리가 간단해진다.

05 광합성 효율을 높여 성장 속도를 높이는 식물

벼나 밀의 성장을 촉진하는 품종 개량을 위해 광합성의 효율을 높이는 방법에 대한 연구가 진행되고 있다.

식물은 태양의 빛 에너지를 이용하여 물과 이산화탄소에서 전분 등 탄수화물을 합성하고 산소를 배출한다. 이것을 '광합성'이라고 한다. 광합성으로 식물은 자신의 성장에 필요한 영양분을 만들어낸다. 광합성이 활발해지면 생산해내는 탄수화물의 양도 늘어나기 때문에 품종 개량을 통해 광합성의 효율을 높이면 식물의 성장 속도도 빨라질 수 있을 것이다.

🔦 식물의 성장에 필요한 광합성

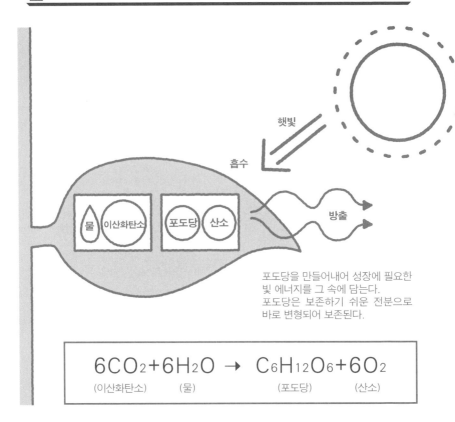

햇빛

흡수

물 이산화탄소 포도당 산소

방출

포도당을 만들어내어 성장에 필요한 빛 에너지를 그 속에 담는다.
포도당은 보존하기 쉬운 전분으로 바로 변형되어 보존된다.

$$6CO_2 + 6H_2O \rightarrow C_6H_{12}O_6 + 6O_2$$

(이산화탄소)　　(물)　　　　(포도당)　　(산소)

곡물 성장을 촉진하기 위해 광합성 연구가 진행되고 있다. 식물은 광합성 경로에 따라 크게 C3식물과 C4식물로 나뉘는데, C4쪽이 광합성 효율이 높다(광합성 초기 단계에 C3식물은 탄소 원자 3개짜리 화합물을 만들고 C4식물은 탄소 원자 4개로 구성된 화합물을 만든다). 벼나 밀 등은 C3식물이고, 옥수수 등은 C4식물인데, 대부분 작물이 C3식물이어서 벼나 밀에 C4 광합성 능력을 부여하는 연구가 진행되고 있다. 벼나 밀이 C4화하여 광합성 효율이 높아지면 생산량도 증가할 것이다.

벼나 밀의 광합성 개량을 연구

C4식물이 된 벼와 밀이 출현한다?

벼와 밀에 C4 광합성 능력을 부여하는 연구가 진행되고 있다. 만일 성공하면 광합성 효율이 높아져 성장 속도가 빨라질 것이다.

C4형 광합성

C3식물보다 광합성 능력이 높아 성장 속도가 빠르다. 고온과 건조에 대한 내성도 강하다. 옥수수, 사탕수수 등.

내성이 강하다!

속도가 빠르다!

C3형 광합성

C4식물이 두 종류의 세포로 광합성을 하는 데 비해 C3식물은 하나의 세포 내에서만 광합성을 한다. 대부분 식물이 여기에 속한다. 벼, 밀 등.

06 양식이 쉬운 어류가 차세대 단백질원이 된다

세계 인구가 증가하면서 수산물 수요가 늘어나는 가운데 수산 자원을 보호한다는
의미도 있어 육상에서의 양식이 활성화되고 있다.

일본에서 생선 소비량이 감소하고 소위 '생선 기피 현상'까지 나타나고 있지만, 여
전히 수산물 소비량은 높다. 또한, 세계 인구와 수산물 수요의 증가에 따라 수산 자
원의 보호는 시급한 과제가 되고 있다. 수산물의 안정적인 공급을 위해 중요시되는
것이 어류 양식이다. 2015년을 기점으로 세계에서 양식어의 생산량이 소고기 생산
량을 상회하는 등 어류 양식은 지금도 성장하고 있는 산업이다.

💡 바다에서 떨어진 육지에서도 신선한 어류를 생산한다

와!

신선한 생선이네.

내륙에서 육상 양식 시설을
만들 수 있어서 바다에서
먼 도시의 가정에서도 신선
한 생선을 즐길 수 있다.

바다에서 멀리 떨어진 가게
도 가까운 양식장에서 생선
을 구매할 수 있다.

최신 기술을 이용한 양식으로 주목받는 것은 바다가 아닌 육지에서 어류를 키우는 '육상 양식'이다. 수돗물에 해수 성분을 가미한 물을 사용하여 폐쇄 순환식으로 양식한다. 이런 시설은 바다 가까이가 아니라 내륙권에 만들 수 있다. 어류는 육류보다도 먹을 때 영양 전환율이 높으므로 미래에는 이런 육상 양식을 통해 육류가 아닌 어류가 동물성 단백질의 주요 공급원이 될지도 모른다.

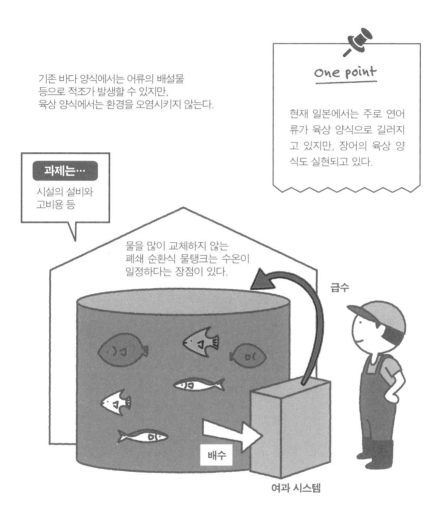

기존 바다 양식에서는 어류의 배설물 등으로 적조가 발생할 수 있지만, 육상 양식에서는 환경을 오염시키지 않는다.

one point

현재 일본에서는 주로 연어류가 육상 양식으로 길러지고 있지만, 장어의 육상 양식도 실현되고 있다.

과제는…

시설의 설비와 고비용 등

물을 많이 교체하지 않는 폐쇄 순환식 물탱크는 수온이 일정하다는 장점이 있다.

급수

배수

여과 시스템

해수를 여과한 물을 사용하는 시설도 있지만, 수돗물에 해수 성분을 가미한 물을 사용하기도 한다. 이를 통해 해수를 가져오는 운반비를 절감할 수 있다.

미끼나 수질 등을 관리하여 병원균 오염을 막을 수 있다. 안심하고 신선한 어류를 양식할 수 있다.

07 세계 인구 100억 명을 먹일 수 있는 인조 스테이크

진짜 고기와 비슷한 '인조육'이 만들어지고 있다. 가까운 미래의 식량 문제는 여기서 해결되지 않을까.

세계 인구가 매년 증가하고 있는 오늘날의 식량 위기는 큰 문제가 아닐 수 없다. 앞에서 육상 양식 기술을 소개하면서 어류가 미래의 동물 단백질의 주 공급원이 될 수 있다고 언급한 바 있다. 그러나 인공적으로 세포를 배양하여 만든 육류가 나온다면 어류나 일반 육류가 아닌 인조육이 시장에서 가장 많이 유통되는 동물성 단백질 식품이 될 수도 있다.

현재 축산에는 이러한 단점이 있다

배설물에서 나온 암모니아가 원인이 되어 산성비가 내려 생태계에 악영향을 준다.

소의 방귀나 트림의 메탄가스가 지구 온난화를 가속한다.

가축의 배설물이 쌓이면 지하수원이나 하천, 바다 등을 오염시킬 위험이 있다.

축산을 위해서는 넓은 토지가 필요하다.

2019년 4월, 닛신식품은 도쿄대와 공동연구로 소의 근육세포를 기반으로 주사위 형태의 스테이크 배양육을 만드는 데 성공했다고 발표했다. 지금까지 배양육은 세포 간 연결이 약해 다진 형태의 고기밖에 만들지 못했는데, 이번에는 세포끼리 융합하여 진짜 고기에 가까운 구조에 성공한 것이다. 실용화까지는 10년 이상 걸릴 것으로 예상되지만, 그때는 더욱 진짜 고기에 가까운 배양육이 완성될지도 모른다.

인조 스테이크의 첫발을 내딛다

장점 ①

인조육의 생산은 축산보다 환경에 부담이 적고, 128쪽에서 언급한 것과 같은 단점이 없다.

장점 ②

닛신식품과 도쿄대는 소의 근육세포를 배양하여 양식육을 만들었다. 아미노산 등을 포함한 배양액으로 일정한 자극을 주면서 근육세포를 배양하면 세포가 성장하면서 세포끼리 융합이 일어난다. 그 세포를 쌓아 배양하여 두꺼운 배양육을 만든다.

근육세포의 결합체

쌓아서 배양!

성장

두껍다!

미래에는 일반 육류보다 싸고 성장이 빠르며 환경에도 좋은 음식이 될 가능성이 있다.

08 새로운 식사 체험을 가져올 분자 미식

과학을 이용하여 인간의 오감을 자극해서 인간의 뇌를 깜짝 놀라게 하는 요리가 음식의 새로운 시대를 열고 있다.

'분자 미식(molecular gastronomy)'이란 1998년 헝가리 출신의 물리학자 니콜라스 커티(Nicholas Kurti)와 프랑스의 물리학자인 에르베 티스(Hervé This)에 의해 창안되었다. 1992년, 이탈리아에서 열린 〈과학과 요리학(Science and Gastronomy)〉이라는 워크샵의 이름으로 채택되면서 공식적으로 알려진 분자 미식은 식재료를 구성하는 분자에 초점을 두고, 온도와 습도에 따른 분자의 결합이 맛에 미치는 영향을 연구하는 새로운 조리법이다. 세계에서 가장 예약이 어렵다고 알려진 스페인 레스토랑 '엘 불리'(현재는 폐점)의 셰프, 페란 아드리아가 분자 요리를 선보여 전 세계적으로 알려졌다.

과학적 접근으로 새로운 요리를 시작한다

요리에 대해 과학적인 입장에 서서 어떻게 하면 더 좋은 것을 만들어 낼 것인가를 추구하는 것이 분자 미식입니다!

어떤 조건에서 다른 어떤 분자와 결합하는가를 조사한다.

결합한 결과 맛이나 혀의 감촉, 외형이 어떻게 변하는가를 조사한다.

◉ 에르베 티스(1955~)

프랑스의 물리학자. 분자 미식에 대한 논문으로 박사학위를 받았다.

일본에서도 분자 미식을 이용한 요리를 즐기는 식당이 점점 늘어나고 있다. 주요 메뉴로는 다양한 재료를 액체질소로 급속 냉동하여 만들어내는 프로즌 칵테일, 원심분리기로 과육이 층마다 나뉜 아이스캔디 등이 있다. 또한, 알긴산 나트륨으로 칠리소스를 캡슐 형태로 굳혀서 연어알 모양을 내는 등 외형에 장난기 있는 요리도 많이 있다.

분자 미식으로 태어난 요리

아주 일반적인 스파클링 삼페인과 사과를 짠 과즙

액체질소

2개의 소재가 액체질소에 의해 급속 냉동되어 맛있는 프로즌 칵테일로

과일 껍질을 벗겨 믹서로 간 액체

원심분리기

원심분리기로 갈아 냉동하면 과육이 층마다 나뉘어 화려한 아이스캔디로

아주 일반적인 칠리소스

알긴산 나트륨

칠리소스가 연어알과 같은 모양으로 된 독창적인 요리로

주목할 만한 스타트업 기업

세계의 식량난과 식품 손실 문제를 해결하기 위한
농업 기술을 개발하는 다양한 스타트업 기업들이 있다.
푸드테크는 채식주의자들의 요구에 부응하여 건강식도 개발하고 있다.

어필 사이언스 Apeel Sciences
미국

농작물의 부패 속도를 지연하는 액체를 개발

농산물의 선도를 유지하고 부패를 지연하는 식물 성분의 노화 억제제를 개발하여 식품 손실 문제해결에 노력하고 있다. '어필(Apeel)' 액을 외피에 발라 농산물에 제2의 껍질을 만들어 건조, 산화, 부패의 속도를 지연시키고, 상온에서 식용 기간을 통상의 2배에서 최대 5배까지 연장한다. 회원제 소매 체인인 코스트코는 '어필'을 바른 아보카도를 일부 점포에서 판매하기 시작했다.

에어로 팜 Aero Farms
미국

공간을 절약하여 친환경 차세대 농법을 연구

미국 뉴저지주에 있는 채소를 높이 쌓아 올린 트레이에서 재배하는 세계 최대 '수직형 농원'. 트레이 외에도 펜던트 모듈을 사용하여 공간 절약형 고효율 재배를 실현하고 있다. LED와 영양 미스트로 재배하기 때문에 흙도, 햇빛도, 살충제도 필요 없다. 기존 농법보다 95% 절수가 가능해 친환경으로 안정적인 수확량을 기대할 수 있다. 에어로 팜의 소매 브랜드인 '드림그린'에서는 무농약 채소를 일 년 내내 제공한다.

비욘드 미트 Beyond Meat
미국

채식주의자나 비건 대상으로 정통 대체육을 개발

채식주의자나 비건을 대상으로 대두나 완두콩 등을 사용한 식물성 단백질 성분의 대체육을 개발하고 있다. 비욘드 버거는 '생고기' 상태로 시판되는데, 조리 과정에서 불에 구우면 '육즙'도 나오는 정통 대체육이다. 맛도 거의 진짜 고기와 비슷하여 큰 인기를 끌며 슈퍼마켓이나 패스트푸드점에서 판매되고 있다.

채식주의자가 아닌 사람들 사이에서도 인기를 끌고 있는 배양육

비건이나 채식주의자들 사이에서 크게 인기를 끄는 것이 소, 닭, 생선에서 채취한 아주 작은 세포로 배양하여 만든 배양육이다. 배양육 시장은 육식 수요의 증가, 대체 단백질원의 성장과 혁신 등으로 2021년에 1550만 달러(약 186억 원)에서 2027년에 2000만 달러(약 240억 원) 규모까지 성장할 것으로 예상된다.

2019년 4월, 도쿄대 생산기술연구소와 닛신식품 홀딩스는 세계에서 최초로 소의 근육세포에서 주사위 형태의 스테이크 배양육을 만드는 데 성공했다. 배양육은 동물 권리 관점에서만이 아니라 환경에 대한 부담도 적고 위생 관리도 간단하다는 점에서 특히 주목받고 있다. 기존 방식이 다진 고기 제조에 초점을 맞춘 데 반해, 이 방식은 근육세포의 집합체를 쌓아서 배양하여 처음으로 주사위 형태의 스테이크 배양육에 성공한 것이다. 진짜 고기보다 칼로리가 적고 영양가는 높아 많은 사람이 관심을 가질 것으로 기대된다.

CHAPTER 7

의료 기술

의료 현장에서도 AI의 활약이 눈에 띈다.

그러나 AI가 인간 의사보다도 자신 있는 분야가 있는가 하면

아직은 인간을 이길 수 없는 분야도 있다.

키워드 미리 보기

의료 분야에도 AI가 진출하고 있다. 인간의 실수가 허용되지 않는 분야이기 때문에 빅데이터를 이용한 정확한 진단에 대한 기대가 크다. 의료 기술에 관한 키워드를 살펴보자.

✓ KEY WORD

의료 분야의 AI

화상 검사로 암을 조기에 발견, 진단하는 의료 진단 AI의 개발도 이루어지고 있다. 의료 현장의 효율화와 의사 부족, 인간의 실수에 대한 문제 해결 측면에서 기대가 크다.

✓ KEY WORD

iPS 세포

다양한 조직이나 장기의 세포로 분화하는 능력과 거의 무한 증식하는 능력을 갖춘 만능 세포. 재생 의료나 신약 개발에 도움이 될 것으로 기대된다.

✓ KEY WORD

게노믹스

게놈과 각 유전자에 관해 연구하는 생명과학의 한 분야. 게놈 해독이 끝나 가능해진 게놈 신약 개발과 여러 생물의 게놈을 비교하고 분석하여 진화 과정을 연구하는 '비교게노믹스' 등이 있다.

✓ KEY WORD

에피게놈

유전자의 발현을 통제하는 조직으로, 환경과 생활 습관 등에 따라 후천적으로 결정된다. 여러 질병이 에피게놈의 이상으로 발병하는 것으로 밝혀지고 있다.

의료용 3D 프린터

의료 교육 현장, 절개나 봉합 등 수술 시뮬레이션에 이용되는 정밀한 장기 모델을 기존보다 빠르고 싸게 제작할 수 있다.

수술 로봇 다빈치

고정밀 3D 내시경을 장착하고 초정밀 수술이 필요한 복강 수술이나 내시경 수술을 지원하는 로봇. 로봇의 팔과 연결된 집게와 가위를 의사가 원격 조작한다.

웨어러블 단말

심박수나 수면 상황을 기록하는 등 건강 관리의 기능을 가진 단말. 앞으로 환자의 몸에 붙인 단말이 24시간 건강 데이터를 수집하게 되면 진찰을 받으러 병원에 갈 필요가 없게 될 것이다.

크리스퍼 캐스나인

DNA의 염기 배열을 인식하고 그 부분을 절단, 치환, 결합하는 게놈 편집의 하나. 나쁜 곳을 잘라내는 것만이 아니라 수정한 DNA로 바꾸기도 한다.

01 진찰에서 시술까지 모든 것을 AI가 한다

AI가 눈부신 진화를 거듭하는 오늘날, 의료 분야에도 진출한 AI는 의료의 미래를 어떻게 변화시킬까?

사회 각 분야에서 활약이 기대되는 AI. 의료 분야에서도 마찬가지로 이미 많은 연구가 진행되고 있다. 예를 들어 미국의 엔리틱(Enlitic)에서 개발한 딥러닝을 이용한 AI는 화상 검사로 암을 조기에 발견하여 진단의 속도는 물론 정확도도 높이고 있다. 전 세계의 의료기관과 연구기관, 기업에서 의료 분야의 AI 연구가 활발하게 진행되고 있다.

연구가 진행 중인 의료용 AI의 활용 사례

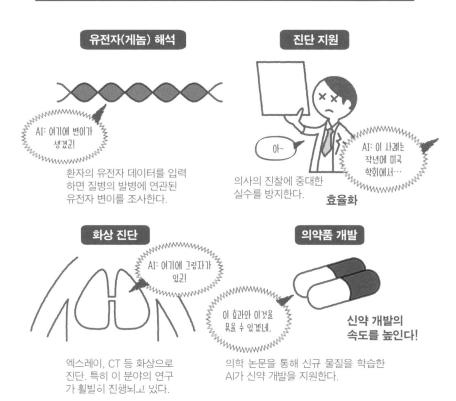

유전자(게놈) 해석

AI: 여기에 변이가 생겼군!

환자의 유전자 데이터를 입력하면 질병의 발병에 연관된 유전자 변이를 조사한다.

진단 지원

아~

AI: 이 사례는 작년에 미국 학회에서…

효율화

의사의 진찰에 중대한 실수를 방지한다.

화상 진단

AI: 여기에 그림자가 있군!

이 효과와 이것을 묶을 수 있겠네.

엑스레이, CT 등 화상으로 진단. 특히 이 분야의 연구가 활빌히 진행되고 있다.

의약품 개발

신약 개발의 속도를 높인다!

의학 논문을 통해 신규 물질을 학습한 AI가 신약 개발을 지원한다.

AI를 활용하는 의료 활동은 데이터 분석 등은 AI가 맡고, 그것을 기초로 의사가 최종 진단을 내리는 방향으로 진행될 것으로 예상된다. 인간보다도 AI가 자신하는 분야는 AI가 맡게 될 것이다. 말 그대로 기계같이 정확한 동작이 요구되는 난도 높은 외과 수술 등도 AI를 탑재한 기계가 맡게 될지도 모른다.

AI의 능력이 발휘되는 의료 현장

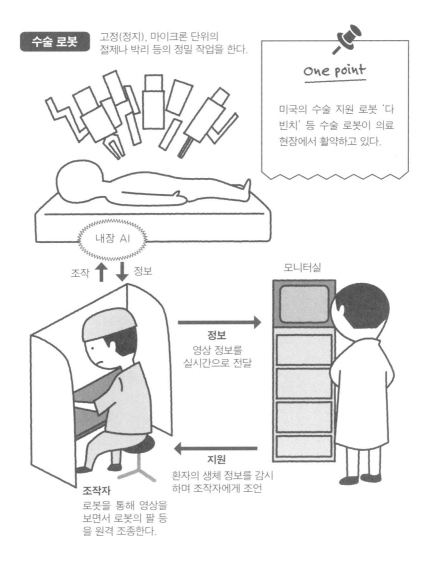

수술 로봇 — 고정(정지), 마이크론 단위의 절제나 박리 등의 정밀 작업을 한다.

One point

미국의 수술 지원 로봇 '다빈치' 등 수술 로봇이 의료 현장에서 활약하고 있다.

내장 AI

조작 ↑ ↓ 정보

모니터실

정보
영상 정보를 실시간으로 전달

지원
환자의 생체 정보를 감시하며 조작자에게 조언

조작자
로봇을 통해 영상을 보면서 로봇의 팔 등을 원격 조종한다.

02 환자를 만능 세포로 치료한다

노벨상 수상으로 화제가 된 'iPS(induced pluripotent stem cells) 세포(유도만능줄기세포)'는 재생치료에 혁신을 가져올 것으로 기대된다.

교토대학 야마나카 신야 교수가 2006년에 세계에서 처음으로 개발에 성공하여, 2012년에 노벨의학생리학상을 수상한 iPS 세포. '만능 세포'로 알려진 iPS 세포는 다양한 조직이나 장기의 세포로 분화하는 능력과 거의 무한으로 증식하는 능력을 가지고 있다. 이러한 특성을 지닌 iPS 세포는 의료 분야에서 재생 의료나 신약 개발에 도움이 될 것이다.

iPS 세포가 만능 세포인 이유

iPS 세포를 이용한 치료법이란, 예를 들면 간 재생 치료의 경우 iPS 세포로 만든 미숙한 상태의 간을 환자의 체내에 이식하여 정상인의 간으로 키운다는 그림이다. 환자 한 명 한 명의 각 증상에 따라 iPS 세포를 준비해야 하므로 지금까지 없었던 틈새시장을 겨냥한 사업이 될 것으로 예상한다.

상처 입은 조직은 iPS 세포로 바꾼다

재생 치료 극장

iPS 세포는 성장하여 간세포로 변화한다.

iPS 세포가 간세포로 변화 하기 위한 정보를 제공한다.

세포를 초기화하는 4개의 DNA를 체세포에 넣는다.

03 웨어러블 단말의 24시간 감시로 통원이 없어진다?

24시간 몸에 붙인 웨어러블 단말이 건강 상태에 관한 정보를 수집하면 의료기관에서의 진단에 큰 도움을 줄 것으로 예상한다.

IT 기술의 진화로 스마트폰처럼 갖고 다니지 않고 몸에 붙이는 단말이 등장하였다. 이러한 '웨어러블 단말'의 대표적인 것이 손목시계 같은 스마트워치다. 항상 몸에 붙이고 있다는 특성을 이용하여 심박수나 수면 상황을 기록하면 건강 관리의 기능도 갖게 된다. 차세대 웨어러블 단말에서는 더 자세한 건강 관리까지 가능할 것이다.

몸에 붙이는 단말로 건강 상태를 체크한다

환자의 몸에 붙인 웨어러블 단말이 24시간 지속해서 수집한 데이터는 치료할 때 도움을 준다. 또한, 항상 건강 상태에 대한 정보를 수집하기 때문에 진찰을 받으러 병원에 갈 필요가 없어질 것이다. 환자가 집에서 웨어러블 단말을 통해 데이터를 보내면 의사는 그 정보를 보고 진단을 한다. 수술처럼 직접 가야 할 경우에만 병원에 가면 된다.

정보의 자동 송신으로 병원에 가지 않고 진단한다

04 유전 정보 해석으로 질병의 근원인 유전자를 치료한다

유전 정보를 해석하면 여러 질병의 원인을 판단하고, 그 근원인 유전자에 작용하는 치료를 할 수 있다.

2003년 인간 게놈(유전 정보의 총합)의 해독이 완성되었다. 컴퓨터로 인간의 유전 정보를 해석할 수 있게 되어 게놈과 유전자에 관한 연구 '게노믹스'가 활발해졌다. 유전자와 약제의 상호 작용을 연구하는 '약리 게노믹스'나 암 관련 유전자를 연구하는 '암 게노믹스' 등 유전 정보에 관한 연구가 세분화되고 각 분야의 연구가 진행되고 있다.

 ## 유전 정보는 어디에 있나?

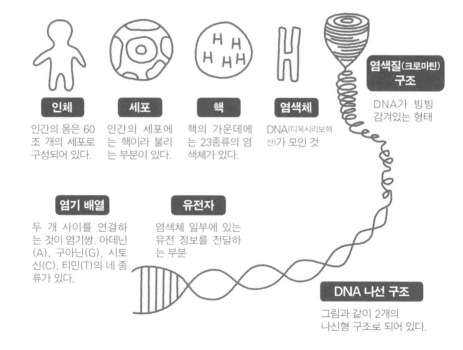

인체
인간의 몸은 60조 개의 세포로 구성되어 있다.

세포
인간의 세포에는 핵이라 불리는 부분이 있다.

핵
핵의 가운데에는 23종류의 염색체가 있다.

염색체
DNA(디옥시리보핵산)가 모인 것

염색질(크로마틴) 구조
DNA가 빙빙 감겨있는 형태

염기 배열
두 개 사이를 연결하는 것이 염기쌍. 아데닌(A), 구아닌(G), 시토신(C), 티민(T)의 네 종류가 있다.

유전자
염색체 일부에 있는 유전 정보를 전달하는 부분

DNA 나선 구조
그림과 같이 2개의 나신형 구조로 되어 있다.

2003년 인간 게놈, 즉 인간의 DNA 구조를 이루는 염기쌍의 표준 배열 해석에 성공했다. 이를 통해 인간의 유전 정보가 명확해지고, 질병에 걸린 인간의 유전 정보와 비교하여 원인이 되는 부분(염기쌍)을 특정할 수 있게 되었다. 지금까지 수수께끼로 남아있던 세포 변이(종양화)나 증식, 전이 등에 대해서도 대응할 수 있을 것으로 기대되며 실제로 효과적인 치료법이 개발되고 있다.

유전 정보와 질병의 관계

05 게놈 편집으로 유전성 질병을 근절한다

게놈(유전 정보) 해석이 끝나고 유전 정보를 편집하는 기술이 등장했다. 이로 인해 유전성 질환의 근본적인 치료의 길이 보인다.

생명의 설계도인 게놈의 해독이 완료되면서 주변 프로젝트도 비약적으로 가속화되었다. 그 과정에서 게놈을 편집하는 기술이 등장하였다. 초기에는 유전 정보의 수정이나 치환 등 게놈 편집이 매우 어려운 일이었는데, 2013년에 '크리스퍼 캐스 나인(CRISPER/Cas9)'이라고 하는 게놈 편집 기술이 실용화되면서 그 이전과는 완전히 다른 '다루기 쉬운' 방법으로 게놈 편집 세계에 혁명을 일으켰다.

'게놈 편집'이란 생명의 설계도를 편집하는 것

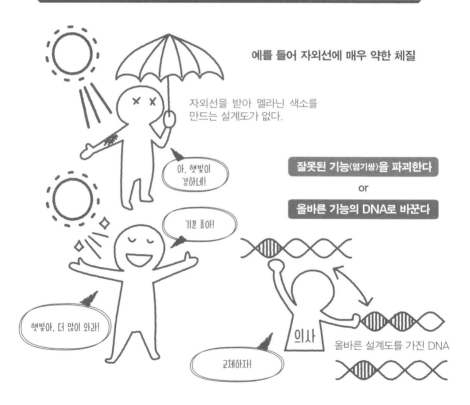

예를 들어 자외선에 매우 약한 체질

자외선을 받아 멜라닌 색소를 만드는 설계도가 없다.

아, 햇빛이 강하네!

잘못된 기능(염기쌍)을 파괴한다

or

올바른 기능의 DNA로 바꾼다

기분 좋아!

햇빛아, 더 많이 와라!

교체하자!

의사

올바른 설계도를 가진 DNA

의료 분야에서 게놈 편집은 널리 활용된다. 게놈 편집을 사용하여 치료하면 그 환자에게 최적화된 치료가 가능하다. 몸에 나타난 증상에 대한 치료라기보다 그 원인이 되는 유전자 변이에 대한 치료이기 때문에 지금까지 치료가 어려웠던 유전성 질환도 완치할 수 있게 될 것이다. 이미 게놈 편집에 의한 암 면역 요법인 '차세대 CAR-T 세포 요법'도 미국에서 승인되었다.

크리스퍼 캐스나인의 '다루기 쉬운' 방법이란

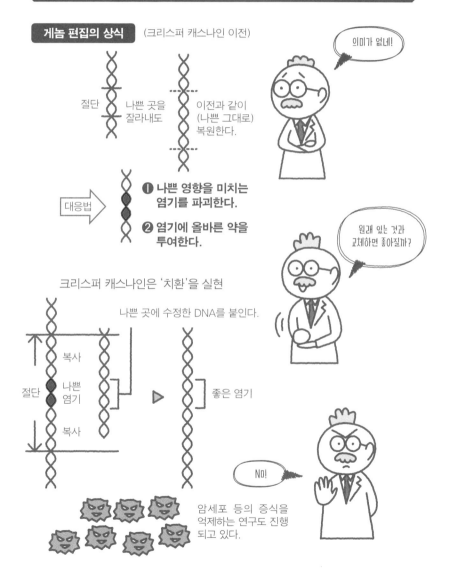

06 당뇨병이나 비만 등 후천적 질병에 이용되는 게놈 기술

여러 질병에 연관된 '에피게놈'으로 체질을 바꿀 수 있다.

게놈 연구가 진행되면서 에피게놈에 대한 관심이 높아지고 있다. 에피게놈이란 간단히 말하면 유전자 발현을 통제하는 조직이다. 몸을 만드는 세포에는 기본적으로 동일한 게놈이 들어가 있는데 만일 이상한 행동을 한다면 후천적 요소인 에피게놈이 잘못된 지령을 내렸기 때문이다. 에피게놈은 질병에도 관여하는데 사실 여러 질병은 에피게놈에 의한 유전자 발현 조절에 이상이 생겨 발병한다.

에피게놈은 후천적이다

🔘 일란성 쌍둥이(같은 유전 정보)가 차이를 보이는 이유

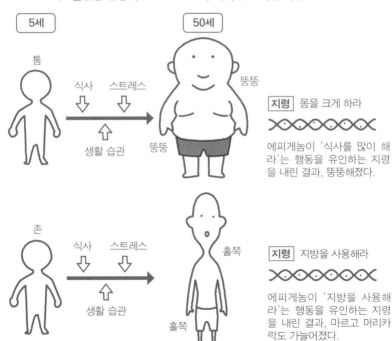

에피게놈의 정체는 후천적으로 DNA에 결합하는 화학 수식으로 불리는데, 그 수와 결합 방식에 따라 단백질의 종류 등 DNA의 발현 방식이 달라진다. 에피게놈에 이상이 생겨 암, 정신질환, 알레르기, 당뇨병, 비만 등이 발병한다. 이러한 발병의 원인이 에피게놈의 이상이라는 사실을 알아냄으로써 그동안 치료법이 개발되지 않은 질병에 효과적인 신약이 개발될 것으로 기대하고 있다.

에피게놈의 정체와 기능

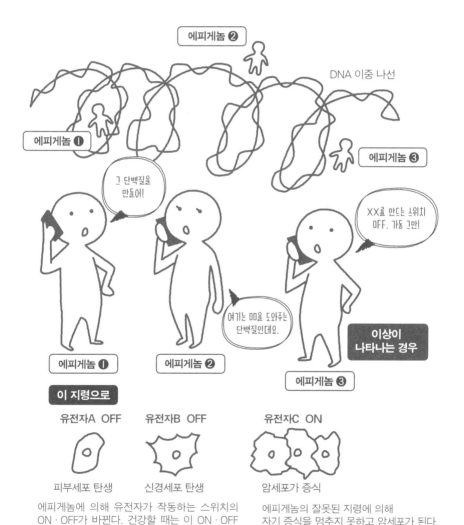

에피게놈에 의해 유전자가 작동하는 스위치의 ON·OFF가 바뀐다. 건강할 때는 이 ON·OFF의 균형이 유지된다.

에피게놈의 잘못된 지령에 의해 자기 증식을 멈추지 못하고 암세포가 된다.

07 의료용 3D 프린터로 노화된 조직을 재생한다

3D 프린터는 산업 분야만이 아니라 의료 분야에도 진출하여 미래에는 생체 조직도 재생할 수 있을 것이다.

입력한 데이터로 입체물을 만드는 3D 프린터. 용해된 수지 등을 재료로 입체물을 재현하는데, 복잡한 형태도 정밀하게 만들어낼 수 있는 것이 그 특징이다. 의료 분야에서는 CT 스캔 데이터로 질병이 있는 장기를 입체적으로 재현하여 수술 전에 검토하는 데 이용된다. 지금까지는 엑스레이나 CT를 통해 평면적으로만 볼 수밖에 없었던 증상을 입체적으로 확인할 수 있게 되어 의학계에 큰 도움이 될 것으로 기대한다.

3D 프린터로 만든 입체 장기의 활용

교토대학과 오사카대학 등 여러 대학과 기업들이 신체 조직을 3D 프린터로 만들어내는 실험에 성공했다. 미래에는 질병 등으로 기능이 정지된 환자의 심장을 3D 프린터로 만든 심장으로 대체 이식하는 수술도 가능할 것이다. 의료용 3D 프린터로 심장을 만드는 것이 보급되면 심장 기증자 부족으로 애를 태우는 많은 심장 질환자들을 구원할 수 있을 것이다.

'바이오 3D 프린터'로 장기 복제

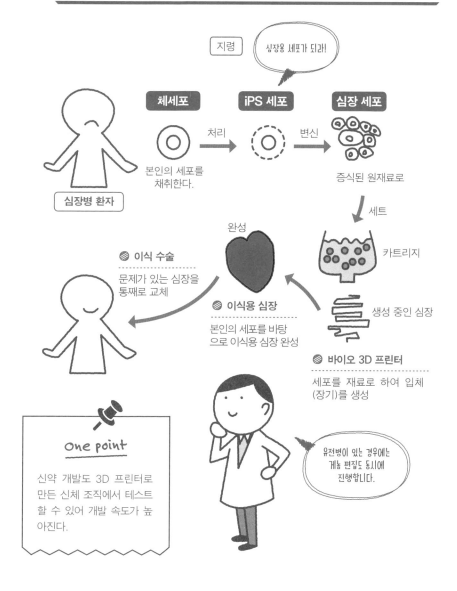

One point

신약 개발도 3D 프린터로 만든 신체 조직에서 테스트 할 수 있어 개발 속도가 높아진다.

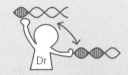

주목할 만한 스타트업 기업

현재도 의료 현장에서 진단 지원을 목적으로 하는 AI가 활약하고 있다.
발병 사례에 대한 방대한 데이터의 분석이나 해석은
의사보다도 AI가 더 잘할 수 있는 분야인지 모른다.
의료 현장에서 크게 주목받는 스타트업 기업들을 소개한다.

AI 메디컬 서비스 AI Medical Service
일본

내시경 검사로 암 관련 병변 진단을 지원

암 진단의 위음성률 제로를 실현하기 위해 2017년에 창업한 벤처기업. 식도, 위, 소장, 대장의 '암 관련 병변'을 위한 내시경 검사에서 전문의의 진단을 지원하는 시스템을 개발하고 있다. AI를 이용한 영상진단 분야는 실현성이 높아 정부도 지원하고 있다. 의사에 의해 병변을 간과할 가능성이 20% 이상인 현실과 대량의 중복 확인 절차로 전문의가 피폐해지고 있는 상황을 개선할 수 있기를 기대하고 있다. AI 내시경으로 현장의 부담과 인간의 실수를 줄이는 것을 목표로 한다.

캐너리 스피치 Canary Speech
미국

빅데이터로 인지 질환이나 신경 질환을 조기에 발견

미국 유타주 소재로 인지 질환 등의 발병 징후인 음성을 연구하는 스타트 업 기업. 알츠하이머나 인지 장애, 파킨슨 질환자의 대화 데이터를 수집 하여 환자들이 사용하는 단어나 대화의 속도, 문구의 조합 방식 등으로부 터 그들 특유의 대화 패턴을 분석, 질병을 조기에 발견하는 기기를 개발 하고 있다. 또한, 자살 예방을 위해 우울증이나 PTSD(외상 후 스트레스 장애) 치료에 관한 연구도 하고 있다.

바이오라이프4D BioLife4D
미국

환자의 세포에서 심장을 만드는 기술을 연구

3D 프린터를 사용하여 세포로 장기를 만드는 '바이오 프린팅'으로 환자 의 세포에서 심장을 만드는 기술을 연구한다. 환자 본인의 백혈구를 iPS 세포로 재프로그램하여 다양한 유형의 심장 세포로 분화시켜 3D 프린트 한다는 것이다. 만일 이것을 실현한다면, 이식 수술이 필요하나 기증자가 나타나지 않는 많은 환자를 구원할 수 있을 것이다. 환자 본인의 세포로 만든 심장을 이식하기 때문에 거부 반응에 대한 위험도 대폭 줄일 수 있 을 것으로 예상한다.

의사가 부족한 지역에서 의료 AI의 활약이 기대된다

의료 진단 AI의 개발이 활발히 진행되고 있다. 현재도 많은 병원에서 AI가 의료 기록을 입력하거나 데이터를 처리하고 있다. 이처럼 의료 종사자의 부담을 줄이고 인간의 실수를 없애 주면 업무의 효율화 측면에서 중요한 역할을 하는 셈이다. 그것만이 아니다. 전문의도 내시경 화상 검사에서 발견하기 어려운 조기 위암을 AI를 이용하여 고정밀 자동검출법을 확립하는 등 질병의 발견과 진단에 AI가 활용되기 시작했다.

AI가 딥러닝으로 발병 사례를 데이터로 축적하고, 과거의 연구나 논문을 비교하며 화상 진단하여 적절한 치료 방법을 제시하는 데 있어서는 인간인 의사보다 더 나을지 모른다. 그러나 합병증 등 복수의 증상을 동시에 진단하기는 아직 어렵고, 의사의 경험에서 나오는 지혜가 부족한 것은 사실이다. 그런데도 초고령 사회가 되어 갈수록 특히 의사의 수가 부족한 지역에 사는 사람들에게 적절한 진단과 치료를 받게 해줄 의료 AI 기술의 발달은 기대가 된다.

CHAPTER 8

인체 개조

기억에 남기고 싶은 것은 DNA에 저장. 뇌와 인터넷이 접속한다.

SF 같은 생활이 가까운 미래에 현실이 될지도 모른다.

키워드 미리 보기

전자 렌즈를 수정체에 넣는다든지 인간이 인터넷과 접속하는 등 SF 같은 연구가 다양하게 이루어지고 있다. 인체 개조 테크놀로지에 대한 키워드를 살펴보자.

✓ *KEY WORD*
스마트 안구

AR(증강현실)을 수정체에 넣는 기술. 바이오센서형 삽입식 스마트 콘택트렌즈가 미래에는 안구에 이식될 가능성이 있다.

✓ *KEY WORD*
스마트 콘택트렌즈

구글은 눈물에 포함된 혈당치를 계측하여 인슐린을 자동 투여하는 바이오센서형을, 소니와 삼성은 카메라가 내장된 콘택트렌즈를 개발하고 있다.

✓ *KEY WORD*
게놈 편집

특정 유전자를 임의로 바꾸는 기술. 유전병의 근본 치료에 기대가 되지만 외모나 능력을 마음대로 조작한 '맞춤아기' 등 윤리적 문제도 제기된다.

✓ *KEY WORD*
맞춤아기 designer baby

유전자를 임의로 바꾸어 부모가 선호하는 외모, 능력, 성격을 갖추고 태어난 아이. 미국 과학아카데미에서는 능력 향상을 목적으로 한 유전자 조작을 승인하지 않고 있다.

✓ *KEY WORD*

뇌의 IoT화

뇌와 인터넷이 접속된 상태로, 인터넷상의 정보가 뇌로 바로 전달되고, 뇌가 IoT화된 다른 사물과 접속할 수 있다.

✓ *KEY WORD*

DNA를 기억 매체로

DNA에 디지털 데이터를 저장하는 기술은 이미 확립되어 있다. 사용자 자신이 정보를 저장, 검색할 수 있는 시스템이 구현될 날도 머지않았다.

✓ *KEY WORD*

의식의 다운로드

인간 뇌의 움직임을 컴퓨터에 옮기는 기술. 컴퓨터나 인터넷상에 의식만 살아남는 시대가 올지도 모른다.

✓ *KEY WORD*

새로운 디지털 디바이드

IT를 다룰 줄 아는 사람과 그렇지 않은 사람 사이에 생기는 빈부나 기회, 사회적 지위 등의 격차가 뇌의 IoT화에 의해 더욱 커지는 현상을 말한다.

01 안구에 AR이 이식될 날이 온다?

AR(증강현실) 기술의 발전으로 AR을 직접 안구에 삽입하는 시대가 오면 스마트폰, AR 안경, 스마트 콘택트렌즈가 다 필요 없을 지도 모른다.

40여 년 전부터 전투기 조종석에 영상으로 정보를 띄우는 헤드업 디스플레이 등 군수 산업을 중심으로 발전해온 AR이 최근에는 블루투스를 통해 렌즈 안쪽에 영상 정보를 띄우는 'AR 안경'에 채용되고 있다. 미래에는 AR을 직접 안구에 삽입하는 '스마트 안구'의 등장도 꿈이 아니다. 그렇게 되면 스마트폰이 필요 없는 시대가 될지도 모른다.

〰️〰️ 군수용에서 출발해 민간용으로 발전하는 AR

화면에 정보가 많네.

조종석 등에 영상으로
정보를 띄우는 과거의 AR

AR을 이용한 '스마트 콘택트렌즈' 분야에서 구글은 눈물에 포함된 혈당치를 계측하여 인슐린을 자동 투여하는 바이오센서형 콘택트렌즈를 개발하고 있고, 소니와 삼성은 카메라를 내장한 콘택트렌즈를 개발하고 있다. 이 중에 기기의 소형화와 프라이버시 문제 등으로 실용화는 구글이 조금 앞설 것이다. 그러나 미래에 직접 수정체에 AR을 이식하게 된다면 이 모든 것을 대체할 것이다.

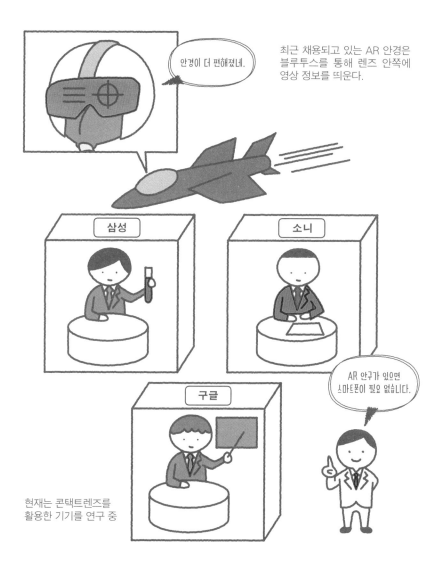

최근 채용되고 있는 AR 안경은 블루투스를 통해 렌즈 안쪽에 영상 정보를 띄운다.

02 게놈 편집으로 외모를 마음대로?

게놈 편집으로 외모나 능력을 마음대로 조작할 수 있는 '맞춤아기(Designer Baby)'의 문제점은 무엇일까?

2019년 1월, 중국에서 지난해 11월 게놈 편집을 한 쌍둥이가 태어났다고 발표하여 전 세계가 충격에 빠졌다. 게놈 편집은 특정 유전자를 임의로 바꾸는 기술로, 유전병 등의 대처법으로 크게 주목을 받았다. 반면, 이 기술은 현시점에서 안전성이 아직 확인되지 않은 위험한 인체 실험이기 때문에 여러 나라에서 비판의 목소리가 높다.

유전자를 마음대로 바꿀 수 있는 게놈 편집이란?

중국에서 게놈 편집을 한 쌍둥이가 탄생

게놈 편집을 활용하면 질병에 걸리기 쉬운 유전자를 특정할 수 있다.

응애응애~

질병에 걸리지 않도록 편집해봅시다.

감기에 걸린 적 없어요.

항상 건강하게 놀고 있어요.

게놈 편집기술은 부모의 희망대로 외모나 능력을 갖춘 맞춤아기를 만들어 낼 수 있으므로 생명 윤리적 관점에서 우려가 크다. 이러한 고가의 특수 기술을 이용하여 건강, 장수, 지식, 외모를 가질 수 있는 사람은 부유층에 한정될 것이다. 게놈 편집은 부자가 생명을 자유자재로 제어함으로써 빈부의 격차가 더욱 커질 위험성도 내포하고 있다.

게놈 편집도 결국은 재력에 따라?

03 인간의 뇌도 Iot화된다면?

냉장고에서 식물까지 다양한 사물이 인터넷을 통해 통신하는 IoT. 미래에는 인간의 뇌까지 IoT화될지 모른다.

IoT(Internet of Things)는 바로 '사물인터넷'이다. 사물에 부착된 센서의 통신 기능을 통해 냉장고가 '점점 우유가 떨어지고 있네요', 공장의 라인이 '고장 난 것 같은데', 식물이 '물이 필요해요'라고 알려주는 기술이다. 스마트 스피커가 그 좋은 예다. 미래에는 인간의 뇌도 IoT화되어 인터넷상의 정보가 바로 뇌로 전달되는 날이 올지도 모른다.

IoT화된 뇌의 장점

인간의 뇌가 IoT화되면 마치 텔레파시처럼 가전이나 기계를 작동할 수 있게 된다.

뇌의 IoT화는 편리한 것만 있는 것은 아니다. 컴퓨터에 보안 시스템이 필요한 것처럼 IoT화된 뇌에도 보안이 되지 않으면 바이러스 등에 해킹될 수도 있다. 또한, 정부가 IoT화된 뇌에 연결하여 정부에 유리한 정보를 일방적으로 입력시킨다든가 정부에 반대하는 사람의 뇌를 네트워킹에서 배제할 가능성도 있다.

⧓⧓ IoT화된 뇌는 위험에 노출될 수 있다

04 뇌의 업데이트는 또 다른 디지털 격차를 낳는다?

뇌의 IoT화가 실현되면 먼저 뇌의 업데이트에 투자를 아끼지 않는 부자들과 그렇지 못한 사람들 사이에 새로운 디지털 디바이드가 생길 지도 모른다.

IT를 다룰 줄 아는 사람과 그렇지 않은 사람 사이에 생기는 빈부와 기회, 사회적 지위 등의 격차를 '디지털 디바이드'라고 한다. 뇌가 IoT화되어 업데이트할 수 있게 되면 부유층만이 고액의, 고기능 업데이트판을 구매할 수 있을 것이다. 이로 인해 새로운 디지털 디바이드를 낳게 되고, 결국 교육 수준이나 수입 격차가 점점 확대될 것을 우려하는 목소리가 나온다.

▷◁ 뇌의 IoT화가 초래하는 새로운 디지털 디바이드

부유층은 뇌를 항상 업데이트할 수 있으므로 보다 많은 정보와 서비스에 접근할 수 있다.

일반인은 좀처럼 업데이트할 수 없으므로 새로운 정보와 서비스에 접근할 수 없다.

디지털 디바이드가 새로운 차별을 낳는다는 지적이 있지만, 반대로 '못 가진 사람'이 새로운 상황을 만들 가능성도 부정할 순 없다. 아프리카 제일의 ICT(Information and Communications Technologies, 정보통신기술) 국가인 르완다의 IT 인재와 최신 테크놀로지를 활용한 비즈니스 계획이 실리콘밸리에서 각별한 관심을 받는 것처럼, 뇌의 IoT화가 실현되면 개인적으로 자본이 없어도 새로운 비즈니스 기회를 잡을 가능성도 생긴다.

뇌의 IoT화가 비즈니스 기회로 연결된다

05 데이터를 DNA에 저장한다?

컴퓨터와 인터넷의 보급으로 팽창한 디지털 데이터. 그 저장 공간으로 DNA가 주목받고 있다.

SF 소설가 윌리엄 깁슨(William Gibson)이 1981년에 발표한 단편《메모리 배달부 조니》에는 뇌를 디지털 데이터의 기억 매체로 정보를 전달하는 우체부가 주인공으로 나온다. 이러한 기술은 머지않은 미래에 실현될지 모른다. 카세트테이프에서 USB까지 다양한 기억 매체가 개발됐지만, 만일 'DNA'를 기억 매체로 이용할 수 있다면 작지만, 대용량이라는 점에서 그 어떤 것보다도 고성능의 매체가 될 것이다.

〰 DNA는 최고의 기억 매체

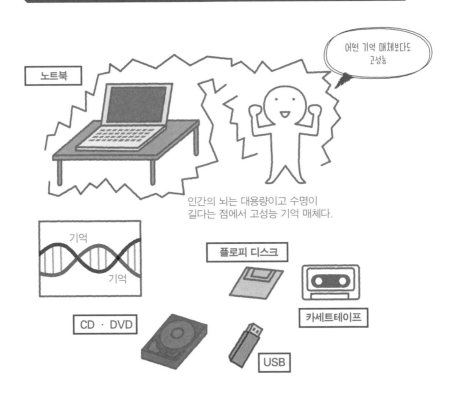

인간의 뇌는 대용량이고 수명이 길다는 점에서 고성능 기억 매체다.

2016년 마이크로소프트와 워싱턴대학은 예술작품과 서적 약 100권, 100개 언어 이상의 '세계인권선언' 등 200MB의 대용량 데이터를 DNA에 저장하는 데 성공했다. DNA는 수십만 년 전의 네안데르탈인의 뼈에서 추출하여 해석할 수 있을 만큼 수명이 긴 매체라고 할 수 있다. 사용자 자신이 정보를 저장하거나 검색할 수 있는 시스템의 구현에 기대를 걸고 있다.

데이터를 DNA에 저장하면 이런 기억 매체들은 필요 없게 된다.

뇌가 기억 매체가 되면 세계 모든 언어를 기억할 수 있다.

사왓디카 (안녕하십니까?)

사왓디카

포아! (좋아!)

하라쇼 (좋습니다!)

맘보? (안녕?)

깍 절라? (어떻게 지내세요?)

타이어

러시아어   스와힐리어

06 인간의 의식을 복사하여 영원한 생명을 얻는다?

'인간의 의식이 디지털 데이터로 살아남는다…' 라는 말은 이제는 SF 세계의 꿈같은 이야기만은 아니다.

AI가 죽은 자의 정보를 바탕으로 그와 똑같이 대답하는 '봇'을 현재 스웨덴에서 개발하고 있다. 구글의 엔지니어 부문을 총괄하는 레이 커즈와일은 뇌 자체를 복사하는 기술도 빠르면 30년 내 개발될 것이라고 말한다. 만일 그것이 실현되면 컴퓨터나 인터넷상에 의식만 살아남는 시대가 올지도 모른다.

의식과 사고 자체를 복사하는 기술

혈액 속 나노머신이 뇌 속의 신경세포를 파악한다.

인간의 뇌를 컴퓨터에 복사하는 것이 이론적으로는 가능하다고 한다. 말하자면 '의식의 다운로드'로 인간은 영원한 생명을 얻을 수 있을지 모른다. MIT는 뇌를 신선한 상태로 보존하려는 연구를 진행해왔는데, 비윤리적이라는 비판이 강하게 제기되어 2018년, 뇌의 방부 처리를 서비스하는 기업과 계약을 중단했다.

⋈ 뇌의 보존 연구는 비판이 제기되어 암초에 걸리다

07 프라이버시는 미래에 부유층의 특권이 된다?

최근에 부유층은 보안과 프라이버시에 더욱 주목하고 있다. 이는 디지털 세계에서도 마찬가지다.

부유층, 특히 초부유층은 과거와 달리 부자인 것을 잘 드러내려고 하지 않는다. 그들이 돈을 기꺼이 사용하는 곳은 오히려 보안과 프라이버시 보호 측면이다. 셀러브리티(셀럽)로 불리는 많은 사람이 할리우드 같은 초호화 지역이 아니라 오히려 사람들의 눈에 띄지 않는 지역에 거주지를 두고 있기도 하다. 그만큼 프라이버시 보호를 위한 테크놀로지도 급성장하고 있다.

부유층의 특수한 보안

셀럽은 일상적으로 파파라치들이 따라붙어 사진을 찍는다.

최근 셀럽 사이에 사진이 찍혀도 얼굴이 보이지 않는 특수 스카프가 유행하고 있다.

앞에서 디지털 디바이드에 대해 설명했지만, 이후 뇌의 Iot화가 진행되어 뇌와 인터넷이 접속하게 되면 보안 측면에서도 재력에 따라 프라이버시의 격차가 확대될 것으로 예상된다. 뇌가 직접 인터넷에 연결되어 사고나 아이디어가 해킹되거나 도난당할 가능성이 커지는데, 재력이 있으면 보안을 더 높은 수준으로 암호화하는 등 프라이버시를 지키는 것을 강화할 수 있기 때문이다.

부유층은 일반인과 달리 거금을 들여 뇌 속 데이터에 보안을 걸 것으로 예상된다.

주목할 만한 스타트업 기업

카메라 기능을 장착한 렌즈를 수정체에 이식하는 기술이나
뇌를 후세에 소생하기 위해 디지털 데이터로 보관하는 기술 등,
마치 SF 같은 연구가 다양하게 이루어지고 있다.
실용화될 날이 과연 올까?

구글 **Google**

미국

컴퓨터를 탑재한 렌즈를 안구에 이식하는 기술을 특허 신청

컴퓨터를 탑재한 '사이보그 렌즈'를 안구에 이식하는 기술 특허를 2016
년에 신청했다. 눈에서 수정체를 제거하고 렌즈를 이식하면 안경이나 콘
택트렌즈, 망원경이나 현미경이 필요 없게 될 것이다. 눈으로 사진이나
동영상 데이터를 기록할 수도 있지만, 프라이버시 측면의 문제를 해결하
지 못하면 기록하는 기술의 실용화는 어려울 것이다. 그러나 노안이나 난
시, 안과 질환에 대한 해결 측면에서 큰 기대를 걸고 있다.

마이크로소프트Microsoft
워싱턴 대학University of Washington
미국

DNA에 대용량 디지털 데이터를 저장하는 데 성공

2016년 예술작품과 서적 등 200MB의 대용량 데이터를 DNA에 저장하는 데 성공한 마이크로소프트와 워싱턴대학은 2019년에 마침내 디지털 정보를 DNA 안에서 자동으로 코드화하고, 나중에 디지털 정보로 되돌릴 수 있는 디바이스의 개발에 성공했다. 지금까지 데이터를 DNA에 저장하려면 연구실에서 사람의 손으로 작업해야 가능했는데, 자동으로 전자 비트를 DNA 내에서 정보로 전환하고, 이를 다시 전자 비트로 꺼낼 수 있는 디바이스를 개발한 것이다.

MIT Massachusetts Institute of Technology
미국

뇌의 냉동 보존 연구에 비판이 쇄도하자 공동 연구하던 기업과 계약을 해지

MIT는 디지털 영생을 실현하는 '뇌의 업로드' 기술을 공동 연구하던 넥톰(Nectome)과 계약을 해지했다. 이 회사의 화학 용액을 사용해 뇌를 냉동 보존하여 컴퓨터 시뮬레이션으로 수백~수천 년 뒤에 뇌를 소생시키는 계획이었는데, 환자가 살아있는 상태에서 경동맥에 방부제를 섞은 약제를 투여하여 확실하게 죽음에 이르게 하는 방법에 대한 비판이 커지자, 결국 공동 연구 계약을 해지했다.

윤리적인 문제가 제기된
게놈 편집

2018년 11월에 에이즈 바이러스(HIV)에 감염되지 않도록 게놈 편집한 쌍둥이 여아가 중국에서 태어났다는 뉴스가 전 세계에 전해지면서 그 진위에 관심이 집중되었다. 이 여아들의 프라이버시 문제가 있어 사실 관계나 안전에 대해서는 전혀 확인되지 않았다.

게놈을 자의로 편집하는 것이 가능하다면, 부모의 기호에 따라 디자인된 얼굴형, 키, 체형, 성격, 지능, 운동 능력을 갖춘 아이를 만들어내는 것이 이론적으로 가능하다. 권력자들은 점점 자신의 외모나 능력을 자의로 고쳐나가 부나 권력의 집중을 가속화할 위험이 있다. 또한, 부모와 맞춤아기의 친자 관계는 어떻게 될까?

변형한 유전자는 자식들로 계속 이어진다고 한다. 나중에 게놈 변형으로 건강상의 문제가 나타날 경우, 그 문제까지 유전될지 모른다. 이러한 위험이 있어 미국 과학아카데미는 중대한 유전병 치료 목적에 한해 수정란의 게놈 편집을 승인할 뿐, 능력 향상 등의 목적에는 금지하고 있다.

CHAPTER 9

소매와 제조업의 테크놀로지

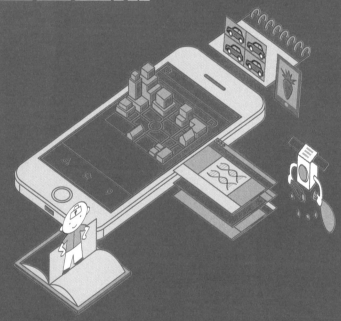

설계 정보를 디지털화하면,

다양한 요구에 맞는 상품을 저비용으로 생산할 수 있다.

과연 제조업은 어떻게 변하게 될까?

키워드 미리 보기

제조업에서도 AI와 IoT가 도입되고 있다. 맞춤형 대량 생산이 가능한 스마트 팩토리는 소비자들의 선택지를 확대할 것이다. 소매와 제조업에 관한 테크놀로지 키워드를 살펴보자.

✓ *KEY WORD*

3D 프린터 시장

가정용 3D 프린터는 성능 면에서 아직 한계가 있지만, 산업용 3D 프린터 시장은 전 세계적으로 뚜렷한 성장세를 보이며 향후 제조업에 혁명을 일으킬 것으로 예상한다.

✓ *KEY WORD*

도시 광산

도시에서 쓰레기로 대량 폐기된 가전제품 등에 있는 유용한 자원을 광산에 비유한 것. 자원을 재생하여 유익하게 활용하는 리사이클의 일환이다.

✓ *KEY WORD*

도시 광산업 urban mining

폐기된 컴퓨터나 휴대전화 등에서 다양한 희귀 금속을 회수하는 것. 일본은 '도시 광산'으로서의 가능성이 있다.

✓ *KEY WORD*

대중 맞춤화 mass customization

IoT 도입으로 비용을 늘리지 않으면서 고객의 개별 요구에 맞도록 상품을 생산하는, 과거의 대량 생산과 주문 생산의 장점을 합친 것과 같은 생산 방식을 말한다.

스마트 팩토리

공작 기계와 생산 라인 등을 컴퓨터 네트워크에 접속하여 AI
로 생산성 고도화와 품질관리 향상을 꾀하고 있는 공장을 말한
다.

스피드 팩토리

아디다스가 독일 본사 근처에 세운 전 제작 공정을 로봇이 하는
스마트 공장. 제조 프로세스를 단축하여 저비용의 대량 생산 라
인에서 소비자의 요구에 따른 개별 생산을 결합한 생산 방식은
'인더스트리 4.0'의 사례로 주목받고 있다.

인더스트리 4.0

제조업의 디지털화와 컴퓨터화를 목표로 독일 정부가 추진하는
국가 전략적 프로젝트. '제4차 산업혁명'으로 번역된다.

자동차 자판기

자동차를 판매하는 자동판매기. 온라인을 통한 사전 결재만으로
영업직원과 별도의 계약 절차 없이 차를 받아 운전해서 갈 수 있다.

01 제조업에 혁명을 일으킬 3D 프린터

이른바 '뭐든지' 만들어내는 기계 '3D 프린터'. 그 시장 규모는 향후 크게 확대될 것으로 예상된다.

시제품의 실물 견본(소위 목업(mockup))은 한때 나무나 점토로 만들었는데, 3D 프린터의 등장으로 완전히 바뀌었다. 3D 프린터는 설계도에서 바로 입체물을 만들 수 있어 실물과 외견상 전혀 다를 바 없는 모형을 간단히 만들어낼 수 있기 때문이다. 당연히 3D 프린터 시장은 지금과는 비교할 수 없을 만큼 빠른 속도로 확대될 것이다.

 ## 제조업에서 3D 프린터의 이점

개인 사용자를 대상으로 한 저가의 3D 프린터가 발매된 것은 2010년대 초반이다. 가정용 기종은 성능 면에서 아직 한계가 있어 최근에는 시장의 성장률이 둔화되는 반면, 산업용 3D 프린터 시장은 확실히 성장세를 이어가고 있다. 미국의 경영컨설팅사인 월러스 어소시에이츠는 2017년에 약 8조였던 3D 프린팅 세계시장 규모를 2023년에는 약 32조 원으로 추산하고 있다.

 ## 3D 프린터의 보급으로 시장 구조가 변화한다

가정용 3D 프린터의 보급은
아직 일부에 지나지 않는다.

가정에도 성능이 좋은
3D 프린터가 보급되면 상점
이나 인터넷에서 물건을 사는
일이 없어질지도?

O2 도시에서 발견한 광맥?
지속 가능한 비즈니스 모델

리사이클 제품에서 희귀 금속을 회수하는 '도시 광산업(urban mining)'은 향후 하나의 큰 산업으로 성장할지 모른다.

폐기된 컴퓨터나 휴대전화 등에서 다양한 희귀 금속을 회수할 수 있다는 것은 잘 알려진 사실이다. 중국의 연구자들이 2018년 4월, 미국 화학학회지 〈환경 과학과 기술(Environmental Science & Technology)〉에 발표한 논문에 의하면, 전자제품 폐기물에서 금과 동을 비롯한 금속을 회수하는 도시 광산업은 광산에서 금속을 채굴하는 비용보다 훨씬 저렴하다고 한다.

 도시 광산업(어번 마이닝)

중국 청화대학과 호주의 맥쿼리대학의 연구자들에 의하면 광산에서의 금속 채굴은 도시 광산업보다 13배 이상의 비용이 더 든다고 한다. 미쓰이물산은 2009년에 휴대전화 리사이클 사업에 뛰어들어 지금은 금속자원본부에서 리사이클에 주력하고 있다. 도시 광산업은 지속 가능한 순환형 사회를 달성하기 위한 수단으로서 향후 더 성장할 것으로 예상된다.

부서진 스마트폰에서 금을 채취한다?

03 대중 맞춤화를 실현한 스마트 팩토리

IoT화로 공장의 스마트화가 구현됨으로써 과거의 대량 생산 방식에서 개별 대량 생산으로 나아가는 새로운 움직임이 일어나고 있다.

제조업에서 혁신의 하나로 '대중 맞춤화(mass customization, 개별 대량 생산)'가 주목받고 있다. 이는 IoT화의 도입으로 비용을 늘리지 않으면서 고객의 개별 요구에 맞는 상품을 생산하는, 과거의 대량 생산과 주문 생산의 장점을 합친 것과 같은 방식이라 할 수 있다. 설계 정보를 디지털화하여 여러 생산 라인과 연결하면 대량 생산 라인에서 맞춤형에 가까운 제품을 저비용으로 만들 수 있게 된다.

 ## IoT로 생산을 관리하는 스마트 팩토리

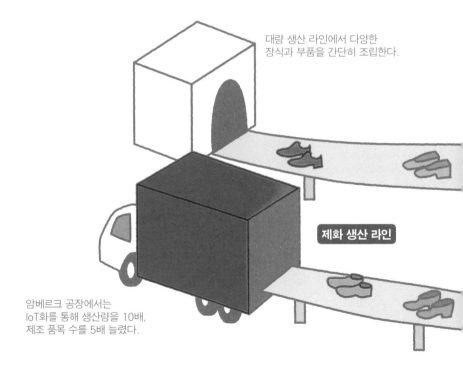

대량 생산 라인에서 다양한 장식과 부품을 간단히 조립한다.

제화 생산 라인

암베르크 공장에서는 IoT화를 통해 생산량을 10배, 제조 품목 수를 5배 늘렸다.

대중 맞춤화를 실현하고 있는 공장으로는 독일 아디다스의 '스피드 팩토리'와 지멘스의 '암베르크 공장' 그리고 일본에 있는 '다이킨 공업'을 들 수 있다. 모두 IoT를 도입하여 주문에서 출하까지 전 프로세스를 관리하고 고객이 주문한 각기 다른 제품을 대량 생산 라인과 같은 속도와 비용으로 제조할 수 있다. 이러한 흐름은 향후 더욱 가속화될 것이다.

컴퓨터로 고객으로부터 주문받은 구두가
어떤 공정에 있는가를 실시간으로 관리한다.

04 자동차도 자판기에서 판매하는 시대가 왔다!

일본에서는 생각할 수 없는 일이지만 미국이나 싱가포르, 중국에서는 자동차가 자판기에서 판매되고 있다.

자동차를 자판기에서 판매하는 시스템을 처음 구축한 것은 미국의 카바나(Carvana)다. 카바나는 2015년 11월, 테네시주 내슈빌에 세계 최초로 '자동차 자판기'를 설치했다. 이 자판기는 5층 건물로, 온라인 결재를 한 후 받은 전용 코인을 자판기에 넣으면 영업직원과 상담이나 번거로운 서류 작성 없이 바로 차를 받아 운전해서 갈 수 있다.

 ## 세상에! 자동차를 자판기에서 살 수 있다고?

전용 코인을 받고

구매 희망자가 콘트롤 패널에 이름을 입력하고 전용 코인을 넣으면 차가 나오는 구조

1주일 내에는 반품도 가능하니 좋군.

온라인에서 결재하면 자판기에서 차를 바로 받을 수 있어서 대면 서류 작성 등을 하지 않고 구매할 수 있는 것이 장점

먼저 온라인에서 결재

카바나는 실적이 향상되어 2017년에 상장하는 성과를 올렸다. 그해 5월에 싱가포르 아우토반 모터스(Autobahn Motors)가 15층짜리 자동차 자판기 빌딩을 오픈했다. 또 12월에는 중국의 대표적인 전자상거래 기업 알리바바(Alibaba)가 상하이에 자동차 자판기를 오픈, 이후 그 수를 늘려가고 있다. 국토 면적이 좁은 일본에서도 싱가포르와 같이 고층 빌딩형은 실현 가능성이 있을지 모른다.

 ## 아시아에서 속속 등장하는 자동차 자판기

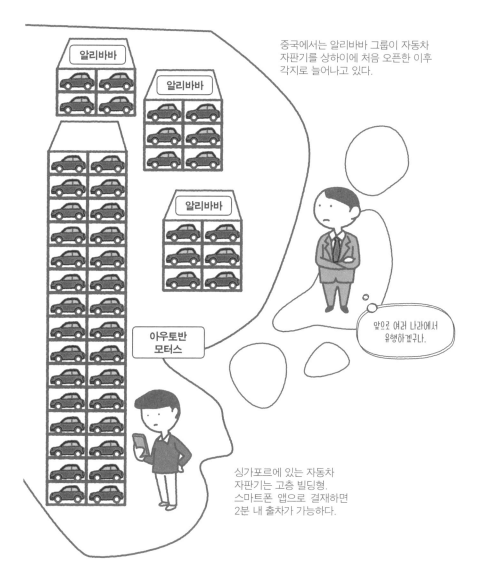

중국에서는 알리바바 그룹이 자동차 자판기를 상하이에 처음 오픈한 이후 각지로 늘어나고 있다.

앞으로 여러 나라에서 유행하겠구나.

싱가포르에 있는 자동차 자판기는 고층 빌딩형. 스마트폰 앱으로 결재하면 2분 내 출차가 가능하다.

주목할 만한 스타트업 기업

박리다매의 시대는 끝났다.
소비자는 저렴하고 질 좋은 물건을 고를 수 있게 되었다.
또한, 소매점에서는 자동계산이 당연한 시대가 되었다.
생활을 풍요롭고 쾌적하게 하는 기술을 가진 스타트업 기업들을 소개한다.

스탠다드 코그니션 STANDARD COGNITION

미국

바코드 스캔이 필요 없는 자동 계산 시스템

점포 내에서 고객이 바구니에 담는 상품을 천장에 달린 카메라로 실시간 추적하여 고객이 등록기 앞에 서면 바로 상품의 합계액이 표시되는 시스템을 개발하였다. 고객이 바코드를 스캔할 필요 없이 점포를 나갈 때 자동으로 계산하고 영수증은 이메일로 보낸다. 안면 인식 기술을 사용하지 않기 때문에 고객의 프라이버시도 보장된다. 독립형 소매점에서 아마존과 경쟁할 수 있는 위력적인 무기가 될 것으로 주목받고 있다.

로티스 Rothy's
미국

고객의 환경 의식에 소구한 폐자재 슈즈

샌프란시스코에 본사를 두고, 폐기한 페트병으로 만든 여성용 플랫슈즈를 판매하는 회사. 패션지 《보그》 편집자에서 매건 비까지 셀럽 층의 열광적인 지지를 받으며, 약 2만 족이 예약을 기다릴 정도로 인기를 끌고 있다. 고객의 환경 의식에 소구하면서 페트병을 리사이클한 섬유에서 컬러풀한 색상의 세련된 슈즈를 만든다는 브랜드화에 성공하였다.

디코스 Dicos 미래점
중국

패스트푸드 체인점, 최초의 무인 점포

중국에서 체인을 운영하는 패스트푸드 식당 디코스(Dicos)가 상하이 시내에 시험적으로 시작한 무인 레스토랑이다. 무인 서비스는 주문이나 지불만이고 주방은 유인이다. 고객은 QR코드를 인식시킨 후, 위챗(WeChat)을 통해 주문하고, 위챗페이(WeChatPay)로 지불한다. 음식을 선택하여 구매하면 스마트폰으로 로커 번호와 비밀번호를 보내주는데, 그것을 로커 키에 입력하면 상품을 받을 수 있는 구조다.

제조업의 미래를 책임질
3D 프린터 기술

3D 프린터의 세계시장 규모는 2017년에 약 8조 원이었는데, 향후 10년간 고성장을 이어갈 것으로 예상한다. 시판 중인 3D 프린터는 저가화를 통해 점점 보급이 늘어나고 있으며, 특히 업무용은 비약적으로 성장하고 있다. 2019년 3월에 건설 관련 스타트업 기업인 아이콘(ICON)이 3D 프린터를 이용하여 주택을 건설했다는 뉴스가 화제가 되었다. 건설 기간이 불과 2~3주이고, 10만 달러(약 1억 2000만 원) 미만의 저비용으로 주택을 건설했다는 사실을 시장은 경이롭게 받아들이고 있다.

3D 프린터 중에서도 특히 시선을 끄는 것은 다양한 형태의 금속재료를 설계 데이터에 따라 차례대로 쌓아 올리는 '금속용 3D 프린터'다. 발명왕 토머스 에디슨이 창업한 것으로 알려진 세계적 기업 제너럴 일렉트릭(GE)은 항공기의 엔진 부품 생산에 바로 이 금속용 3D 프린터를 사용하고 있다고 알려져 있다.

새로운 세상에 대한 가능성과
인사이트를 얻기 바라며

이 책의 저자로서 이런 말을 하는 게 이상하게 들릴지 모르지만, 기술에 관해 예측할 때 솔직히 미래를 기준으로 선정하기보다 현실에 뿌리를 두고 선정할 수밖에 없다. 왜냐하면, 사람은 그때의 유행을 따르기 때문이다. 다시 말해 정말 세상을 바꾸는 것은 완전히 차원이 다른 일일지 모른다.

예를 들면 구텐베르크가 금속활자를 발명하여 세계의 문화, 사회, 경제 등 모든 것을 바꾸었다고 다들 알고 있다. 하지만 정말 세상을 바꾼 것은 '금속활자가 아니다'라고 하는 견해도 있다. 즉, 사실은 당시 종잇값이 폭락해서 대량으로 시장에 쏟아져 나오게 된 것이야말로 정말 중요한 이노베이션이고, 변화의 발화점이며, 금속활자는 그 위에 올라탄 덤이라고.

이 책에서 다루고 있는 새로운 기술들은 모두 우리의 가슴을 뛰게 한다. 또 다른 새로운 가능성을 품은 신기술이며, 지금까지는 SF에서조차 등장하지 않은 놀라운 응용 기술이다. 나는 기술 마니아이며 SF 마니아이기도 해서 이런 것들을 보면 가슴이 설레고, 그것들이 가져올 새로운 세상을 상상만 해도 즐겁다. 하지만 100년쯤 지나고 보면 우리가 여기서 전혀 다루지 않은 기술, 혹은 다루긴 했으나 완전히 예상 밖으로 응용한 기술을 당연한 듯이 사용하고 있을 것이다. 미래의 누군가는 어떻게 21세기 초반의 사람들은 이런 당연한 것들조차 전혀 눈치채지 못했냐고 말할지 모른다.

그렇다고 해서 새로운 기술과 그 미래를 예측하는 것이 의미가 없다고 말하는 것은 아니다. 수 세기 단위로 보면 세계를 바꾸는 것은 결국 기술뿐이었다. 기술이 모든 것을 변화시켰다. 그리고 그 변화의 흐름을 읽고, 새로운 꿈을 꾸며 다음에 다가올 기술의 흐름을 상상하는 것으로 우리는 인류의 미래를 창조해냈다. 지금 당신이 손에 쥐고 있는 스마트폰이나 이 책 역시 모두 그 산물이다. 당연히 그중에 운이 좋은 사람, 목표 의식이 있는 사람이 새로운 비즈니스를 개척하여 큰돈을 번 것도 사실이지만 그것이야말로 어디까지나 덤이다.

이 책을 읽고 많은 사람이 새로운 세상에 대한 가능성과 자신의 꿈을 이루기 위한 인사이트를 얻었으면 하는 바람이다. 책에 소개된 내용을 그대로만 받아들이지 말고 '이런 기술이 있으면 저런 것도 할 수 있지 않을까'라고 생각하면서 미래를 스스로 창조해 나가는 사람이 한 명이라도 나온다면 이보다 더한 기쁨은 없을 것이다.

야마가타 히루山形浩生

5년 후 비즈니스를 다시 쓸
테크놀로지 노트

초판 1쇄 인쇄 2020년 5월 6일
초판 1쇄 발행 2020년 5월 16일

지은이	야마가타 히루 · 야스다 요스케
옮긴이	민진욱
펴낸이	나현숙

펴낸곳	디 이니셔티브
출판신고	2019년 6월 3일 제2019-000061호
주소	서울시 용산구 이태원로 211 708호
전화 · 팩스	02-749-0603
이메일	the.initiative63@gmail.com
홈페이지	www.theinitiative.co.kr
블로그	https://blog.naver.com/the_initiative
페이스북 · 인스타그램	@4i.publisher

ISBN	979-11-968484-2-2 03320